Maîtriser la Cuisine Sous Vide

Saveurs Précises à Chaque Bouchée

Charlotte Dubois

Contenu

Escalopes de veau au poivre et champignons de pin 10

Escalopes de veau.. 12

Sauce de veau au porto.. 13

boeuf portobello 15

sauce de veau 17

Foie de veau de Dijon... 19

Côtelettes d'agneau à l'africaine aux abricots 21

Morceaux d'agneau à la menthe et aux noix 23

Carré d'agneau mariné à la moutarde et au miel 25

Boulettes d'agneau sauce yaourt... 27

Riz d'agneau à l'épaule épicée... 29

Côtelettes d'agneau au piment enrobées de graines de sésame 31

Agneau doux à la sauce moutarde 32

Agneau citron menthe 34

Côtelettes d'agneau au citron et sauce Chimichurri 36

Gigot d'agneau aux légumes et sauce sucrée................................ 38

Ragoût de bacon et d'agneau 40

Côtelettes d'agneau au citron et au poivre avec chutney de papaye
.... 42

Brochettes d'agneau épicées... 44

Agneau aux herbes et légumes.. 46

Carré d'agneau à l'ail.. 48

Rôti d'agneau aux herbes.. 50

Les brochettes d'agneau et de cerises sud-africaines sont populaires.. 53

Curry d'agneau et poivre 55

Côtes d'agneau au chèvre 57

épaule d'agneau... 59

Rôti d'agneau aux jalapeños 61

Côtelettes d'agneau grillées au thym et à la sauge 63

Côtelettes d'agneau au chimichurri au basilic....................... 65

Brochettes d'agneau harissa salées 67

Porc à la moutarde douce et oignons croustillants 69

Délicieuses escalopes de porc au basilic et citron 71

Côtes levées à la sauce chinoise 73

Ragoût de porc et de haricots 75

Râpez les côtes de porc 77

Côtelettes de porc balsamique 79

Côtes de porc désossées avec sauce noix de coco et cacahuètes 81

Filet de porc au citron vert et à l'ail....................................... 83

Côtes de porc barbecue 85

Surlonge à l'érable et compote de pommes 86

Poitrine de porc fumée au paprika 88

Tacos aux carnitas au porc... 90

Porc épicé avec glaçage à la moutarde et à la mélasse......... 91

cou de porc frit... 93

Côtes de porc... 95

Escalopes de porc au thym 97

Côtes de porc... 98

Boulettes de viande à la sauge et au cidre 100

Filet de porc au romarin 102

Pancetta au paprika et oignons perlés 103

Escalopes de porc aux tomates et purée de pommes de terre. 104

Toasts aux œufs et bacon croustillant 106

Surlonge épicé avec sauce papaye sucrée 107

Délicieuses pommes de terre et bacon aux oignons 109

morceaux de porc croustillants 111

Escalopes de porc sucrées à la poire et à la carotte 113

Nouilles ramen au porc et aux champignons 115

Délicieux filet mignon avec sauce à l'avocat 117

Viande grillée à la coriandre et à l'ail 118

steak de faux-filet de bœuf 120

Steak traditionnel à la française 122

Filet de bœuf au chipotle et café. 124

le steak grillé parfait 126

Filet de boeuf au piment 128

Steak tamari aux œufs brouillés 130

Délicieuses boulettes de viande méditerranéennes 132

Poivrons farcis 134

Burgers de bœuf farcis à la française 136

Délicieuse poitrine de bœuf fumée. 138

Saucisse de Dijon et bœuf ketchup au curry 140

Steak trois points à l'ail et au soja 141

Côtes levées de bœuf marinées à la coréenne frites 142

Tacos au steak et au chili des Caraïbes 144

Délicieuses côtes levées avec sauce BBQ 146

Filet de bœuf épicé 148

Steak de jupe Herby's	150
boulettes de viande au chili	152
Rôti de côtes à la tomate et au jalapeño	154
Boulettes de viande grecques avec sauce au yaourt	155
Filet mignon au piment	157
Poitrine de bœuf grillée	159
Steaks de surlonge avec sauce à la crème de champignons	160
Côte de bœuf en croûte d'herbes de céleri	162
Steak de boeuf aux échalotes et persil	164
Steak de barbecue râpé	165
corned-beef nature	166
Longe de tomates rôties sur le feu	168
Filet mignon à la purée de navet	170
Bavette aux tomates frites	172
Filet de boeuf à la poire	174
Épaule de veau aux champignons	176
Champignons farcis aux tomates	178
Ragoût de boeuf classique	180
hamburgers à l'ail	182
ragoût de boeuf haché	184
Filet de boeuf à la sauce tomate	186
Veau aux oignons	188
côtes levées à l'ail	190
Steak de boeuf aux mini carottes	191
Côtes de boeuf au vin rouge	193
Boeuf au poivre	195
bœuf Stroganoff	197

Bouchées de viande avec sauce teriyaki et graines 199

Steak au citron et au poivre 201

Ragoût de boeuf et légumes 203

Steak de boeuf épicé 205

Tourte à la viande du Worcestershire 206

Rôti de bœuf ivre 208

Délicieux steak roll au fromage 209

Poitrine de Miel-Dijon 211

Ragoût de faux-filet au romarin 213

Filet divin divin à la purée de patate douce 215

Tarte de veau aux champignons 216

Cheeseburgers classiques 218

Escalopes de veau au poivre et champignons de pin

Temps de préparation + cuisson : 3 heures 15 minutes | Portions : 5

Ingrédients:

500 g de morceaux de veau

1 livre de champignons de pin, tranchés

½ tasse de jus de citron fraîchement pressé

1 cuillère à soupe de feuilles de laurier hachées

5 grains de poivre

3 cuillères à soupe d'huile végétale

2 cuillères à soupe d'huile d'olive extra vierge

Sel et poivre noir au goût

Adresses :

Préparez un bain-marie, placez-y le Sous Vide et réglez-le à 154F.

Assaisonnez les boulettes de viande avec du sel et du poivre. Placer dans un sac sous vide en une seule couche avec le jus de citron, les feuilles de laurier, les grains de poivre et l'huile d'olive. Scellez le sac.

Plongez le sachet dans un bain-marie et faites bouillir pendant 3 heures. Retirer du bain-marie et réserver. Faites chauffer l'huile végétale dans une grande poêle.

Ajouter les champignons de pin et cuire avec une pincée de sel à feu moyen jusqu'à ce que tout le liquide soit évaporé. Ajoutez les morceaux de veau avec la marinade et poursuivez la cuisson encore 3 minutes. Sers immédiatement.

Escalopes de veau

Temps de préparation + cuisson : 2 heures 40 minutes | Portions : 4

Ingrédients:

2 filets de bœuf (16 onces)
Sel et poivre noir au goût
2 cuillères à soupe d'huile d'olive

Adresses :

Préparez un bain-marie, placez-y le Sous Vide et réglez-le à 140 F. Frottez le bœuf avec du poivre et du sel et placez-le dans un sac sous vide. Libérez l'air en utilisant la méthode de déplacement d'eau et scellez le sac. Tremper dans un bain-marie. Réglez la minuterie sur 2 heures et 30 minutes. Cuisiner.

Lorsque le chronomètre s'arrête, retirez et ouvrez le sac. Retirez le veau, séchez-le avec du papier absorbant et frottez-le avec de l'huile d'olive. Faites chauffer la poêle à feu vif pendant 5 minutes. Ajoutez le steak et faites-le saisir jusqu'à ce qu'il soit bien doré des deux côtés. Retirer sur une planche de service. Servir avec de la salade.

Sauce de veau au porto

Temps de préparation + cuisson : 2 heures 5 minutes | Portions : 6

Ingrédients

3 cuillères à soupe de beurre

¾ tasse de bouillon de légumes

½ tasse de porto

¼ tasse de champignons shiitake hachés

3 cuillères à soupe d'huile d'olive

4 gousses d'ail, hachées

1 paire, partie blanche seulement, hachée

Sel et poivre noir au goût

8 morceaux de veau

1 brin de romarin frais

Adresses

Préparez un bain-marie et placez-y le sous vide. Régler à 141 F. Incorporer le bouillon, le porto, les champignons, le beurre, l'huile d'olive, l'ail, le poireau, le sel et le poivre. Placez le bœuf dans un grand sac refermable. Ajouter le romarin et mélanger. Libérez l'air en utilisant la méthode de déplacement d'eau, scellez et plongez le sac dans un bain-marie. Cuire 1 heure et 45 minutes.

Une fois terminé, retirez le veau et séchez-le. Jetez le romarin et versez le jus de cuisson dans la marmite. Cuire 5 minutes. Ajouter le bœuf et cuire 1 minute. Servir garni de sauce.

boeuf portobello

Temps de préparation + cuisson : 2 heures 10 minutes |
Portions : 4

Ingrédients:

2 livres de côtelettes de veau
1 tasse de bouillon de boeuf
4 champignons portobello, tranchés
1 cuillère à café de poudre d'ail
1 cuillère à soupe d'origan séché
3 cuillères à soupe de vinaigre balsamique
2 cuillères à soupe d'huile d'olive
Sel et poivre noir au goût

Adresses :

Préparez un bain-marie, placez-y le Sous Vide et réglez-le à 140F.

Dans un bol, mélanger le bouillon de bœuf et de champignons, la poudre d'ail, l'origan, le vinaigre balsamique, l'huile d'olive et le sel. Frottez bien chaque morceau avec ce mélange et placez-le dans un grand sac sous vide en une seule couche. Versez le reste de la marinade et fermez. Plonger dans un bain-marie et cuire 2 heures.

Lorsque le minuteur s'arrête, retirez les boulettes de viande du sac et séchez-les. Laisser mijoter le jus de cuisson dans la marmite pendant environ 4 minutes. Ajouter les boulettes de viande et cuire 1 minute. Transférer dans des assiettes. Versez la sauce sur le veau et servez.

sauce de veau

Temps de préparation + cuisson : 1 heure 40 minutes | Portions : 3

Ingrédients:

½ livre de côtelettes de veau

Sel et poivre noir au goût

1 tasse de champignons, tranchés finement

⅓ tasse de crème épaisse

2 échalotes, tranchées finement

1 cuillère à soupe de beurre non salé

1 branche de feuilles de thym

1 cuillère à soupe d'ail haché pour la décoration

Adresses :

Préparez un bain-marie et placez-y le sous vide. Régler à 129 F. Frotter les côtelettes avec de l'ail et du sel et placer le veau dans un sac sous vide avec tous les autres ingrédients indiqués à l'exception des oignons verts.

Purger l'air en utilisant la méthode de déplacement d'eau et sceller. Tremper dans un bain-marie. Réglez le minuteur sur 1h30 et faites cuire.

Une fois terminé, retirez le sac et déposez le veau dans une assiette. Versez la sauce dans la poêle, jetez le thym et laissez mijoter 5 minutes. Ajouter le bœuf et cuire 3 minutes. Garnir de ciboulette. Participer.

Foie de veau de Dijon

Temps de préparation + cuisson : 85 minutes | Portions : 5

Ingrédients:

2 livres de foie de bœuf, tranché

2 cuillères à soupe de moutarde de Dijon

3 cuillères à soupe d'huile d'olive

1 cuillère à soupe de coriandre finement hachée

1 cuillère à café de romarin frais, finement haché

1 gousse d'ail, hachée

½ cuillère à café de thym

Adresses :

Faites un bain-marie, ajoutez-y le Sous Vide et réglez-le à 129 F. Rincez bien le foie sous l'eau froide courante. Assurez-vous d'éliminer toute trace de sang. Sécher avec du papier absorbant. À l'aide d'un couteau de cuisine bien aiguisé, retirez les veines, le cas échéant. Couper transversalement en fines tranches.

Dans un petit bol, mélanger l'huile d'olive, l'ail, la coriandre, le thym et le romarin. Remuer jusqu'à ce que le tout soit bien mélangé. Enduisez généreusement les tranches de foie de ce mélange et placez-les au réfrigérateur pendant 30 minutes.

Sortir du réfrigérateur et placer dans un grand sac scellé sous vide. Plongez le sac scellé dans le bain-marie et réglez la minuterie sur 40 minutes. Une fois terminé, ouvrez le sac. Beurrer une grande poêle avec un peu d'huile et ajouter les tranches de foie de bœuf. Faire frire brièvement des deux côtés pendant 2 minutes. Servir avec des cornichons.

Côtelettes d'agneau à l'africaine aux abricots

Temps de préparation + cuisson : 2 heures 15 minutes | Portions : 2

Ingrédients

2 morceaux de longe d'agneau
Sel et poivre noir au goût
1 cuillère à café de mélange d'épices
4 abricots
1 cuillère à soupe de miel
1 cuillère à café d'huile d'olive

Adresses

Préparez un bain-marie et placez-y le sous vide. Réglez-le à 134F.

Assaisonnez l'agneau avec du sel et du poivre. Enduisez les côtelettes d'agneau du mélange d'épices et placez-les dans un sac sous vide. Ajouter les abricots et le miel. Libérez l'air en utilisant la méthode de déplacement d'eau, scellez et plongez le sac dans un bain-marie. Cuire 2 heures.

Lorsque le minuteur s'arrête, retirez les boulettes de viande et séchez-les. Réservez les abricots et le jus de cuisson. Faites chauffer une poêle à feu moyen et faites cuire l'agneau 30 secondes de chaque côté. Transférer dans une assiette et laisser refroidir 5 minutes. Arroser de liquide de cuisson. Garnir d'abricots.

Morceaux d'agneau à la menthe et aux noix

Temps de préparation + cuisson : 2 heures 35 minutes | Portions : 4

Ingrédients

500 g de côtelettes d'agneau
Sel et poivre noir au goût
1 tasse de feuilles de menthe fraîche
½ tasse de noix de cajou
½ tasse de persil frais tassé
½ tasse de ciboulette, hachée
3 cuillères à soupe de jus de citron
2 gousses d'ail hachées
6 cuillères à soupe d'huile d'olive

Adresses

Préparez un bain-marie et placez-y le sous vide. Régler à 125 F. Assaisonner l'agneau avec du sel et du poivre et placer dans un sac scellé sous vide. Libérez l'air en utilisant la méthode de déplacement d'eau, scellez et plongez le sac dans un bain-marie. Cuire 2 heures.

Mélanger la menthe, le persil, les noix de cajou, les oignons verts, l'ail et le jus de citron dans un robot culinaire. Ajoutez 4 cuillères à soupe d'huile d'olive. Assaisonnez avec du sel et du poivre. Lorsque le minuteur s'arrête, retirez l'agneau, badigeonnez-le de 2 cuillères à soupe d'huile d'olive et transférez-le sur un gril chaud. Cuire 1 minute de chaque côté. Servir avec des noix.

Carré d'agneau mariné à la moutarde et au miel

Temps de préparation + cuisson : 1 heure 10 minutes | Portions : 4

Ingrédients

1 carré d'agneau, paré
3 cuillères à soupe de miel
2 cuillères à soupe de moutarde de Dijon
1 cuillère à café de vinaigre de Xérès
Sel au goût
2 cuillères à soupe d'huile d'avocat
Oignon violet haché

Adresses

Préparez un bain-marie et placez-y le sous vide. Régler à 135 F. Mélanger bien tous les ingrédients sauf l'agneau. Enduisez l'agneau du mélange et placez-le dans un sac sous vide. Libérez l'air en utilisant la méthode de déplacement d'eau, scellez et plongez le sac dans un bain-marie. Cuire 1 heure.

Lorsque le minuteur s'arrête, retirez l'agneau et transférez-le dans une assiette. Réservez le jus de cuisson. Faites chauffer l'huile dans une poêle à feu moyen et faites revenir l'agneau 2 minutes de chaque côté. Râpez-les et arrosez-les de jus de cuisson. Garnir d'oignon rouge.

Boulettes d'agneau sauce yaourt

Temps de préparation + cuisson : 2 heures 15 minutes | Portions : 2

Ingrédients

½ livre d'agneau haché

¼ tasse de persil frais haché

¼ tasse d'oignon haché

¼ tasse d'amandes grillées, finement hachées

2 gousses d'ail hachées

Sel au goût

2 cuillères à café de coriandre moulue

¼ cuillère à café de cannelle moulue

1 tasse de yaourt

½ tasse de concombres en dés

3 cuillères à soupe de menthe fraîche moulue

1 cuillère à café de jus de citron

¼ cuillère à café de poivre de Cayenne

Pain pita

Adresses

Préparez un bain-marie et placez-y le sous vide. Régler à 134 F. Mélanger l'agneau, l'oignon, l'amande, le sel, l'ail, la cannelle et la coriandre. Faites 20 boules et placez-les dans un sac sous vide. Libérez l'air en utilisant la méthode de déplacement d'eau, scellez et plongez le sac dans un bain-marie. Cuire 120 minutes.

Pendant ce temps, préparez la vinaigrette en mélangeant le yaourt, la menthe, le concombre, le poivre de Cayenne, le jus de citron et 1 cuillère à soupe de sel. Lorsque le minuteur s'arrête, retirez les boules et faites cuire au four pendant 3 à 5 minutes. Napper de sauce et servir avec du pain pita.

Riz d'agneau à l'épaule épicée

Temps de préparation + cuisson : 24 heures 10 minutes | Portions : 2

Ingrédients

1 épaule d'agneau rôtie, désossée
1 cuillère à soupe d'huile d'olive
1 cuillère à soupe de curry en poudre
2 cuillères à café de sel d'ail
1 cuillère à café de coriandre
1 cuillère à café de cumin moulu
1 cuillère à café de flocons de piment rouge séchés
1 tasse de riz brun cuit

Adresses

Préparez un bain-marie et placez-y le sous vide. Réglez sur 158F.

Mélanger l'huile d'olive, l'ail, le sel, le cumin, la coriandre et les flocons de piment. Faites mariner l'agneau. Placer dans un sac scellé sous vide. Libérez l'air en utilisant la méthode de déplacement d'eau, scellez et plongez le sac dans un bain-marie. Cuire pendant 24 heures.

Une fois terminé, retirez l'agneau et coupez-le en tranches. Servir avec le jus de cuisson sur du riz.

Côtelettes d'agneau au piment enrobées de graines de sésame

Temps de préparation + cuisson : 3 heures 10 minutes | Portions : 2

Ingrédients

2 filets d'agneau
2 cuillères à soupe d'huile d'olive
Sel et poivre noir au goût
2 cuillères à soupe d'huile d'avocat
1 cuillère à café de graines de sésame
Une pincée de flocons de piment rouge

Adresses

Préparez un bain-marie et placez-y le sous vide. Régler à 138 F. Placer l'agneau dans un sac sous vide avec l'huile d'olive. Libérez l'air en utilisant la méthode de déplacement d'eau, scellez et plongez le sac dans un bain-marie. Cuire pendant 3 heures.

Une fois terminé, séchez l'agneau. Assaisonnez avec du sel et du poivre. Faites chauffer l'huile d'avocat dans une poêle à feu vif et faites revenir l'agneau. Couper en bouchées. Garnir de graines de sésame et de flocons de piment.

Agneau doux à la sauce moutarde

Temps de préparation + cuisson : 1 heure 10 minutes | Portions : 4

Yoingrédients

1 carré d'agneau, paré
3 cuillères à soupe de miel liquide
2 cuillères à soupe de moutarde de Dijon
1 cuillère à café de vinaigre de Xérès
Sel au goût
2 cuillères à soupe d'huile d'avocat
1 cuillère à soupe de thym
Graines de moutarde grillées pour la garniture
oignon vert haché

Adresses

Préparez un bain-marie et placez-y le sous vide. Régler à 135 F. Mélanger tous les ingrédients sauf l'agneau. Placer l'agneau dans un sac sous vide refermable. Libérez l'air en utilisant la méthode de déplacement d'eau, scellez et plongez le sac dans un bain-marie. Cuire 1 heure. Lorsque le minuteur s'arrête, retirez l'agneau et transférez-le dans une assiette.

Faites chauffer l'huile dans une poêle à feu vif et faites revenir l'agneau 2 minutes de chaque côté. Hachez-les et recouvrez-les de jus de cuisson. Garnir d'oignons verts et de graines de moutarde grillées.

Agneau citron menthe

Temps de préparation + cuisson : 2 heures 15 minutes | Portions : 2

Ingrédients

1 carré d'agneau

Sel et poivre noir au goût

2 brins de romarin frais

¼ tasse d'huile d'olive

2 tasses de haricots de Lima frais, décortiqués, blanchis et pelés

1 cuillère à soupe de jus de citron

1 cuillère à soupe d'ail frais, haché

1 cuillère à soupe de persil frais haché

1 cuillère à soupe de menthe fraîche

1 gousse d'ail hachée

Adresses

Préparez un bain-marie et placez-y le sous vide. Régler à 125 F. Assaisonner l'agneau avec du sel et du poivre et placer dans un sac scellé sous vide. Libérez l'air en utilisant la méthode de déplacement d'eau, scellez et plongez le sac dans un bain-marie. Cuire 2 heures.

Lorsque le minuteur s'arrête, retirez l'agneau et séchez-le. Faites chauffer 1 cuillère à soupe d'huile d'olive sur un grill à feu vif et faites cuire l'agneau assaisonné pendant 3 minutes. Réservez et mettez au frais.

Pour la salade, mélangez les haricots, le jus de citron, le persil, la ciboulette, la menthe, l'ail et 3 cuillères à soupe d'huile d'olive. Assaisonnez avec du sel et du poivre. Coupez l'agneau en morceaux et servez-le avec la salade de haricots.

Côtelettes d'agneau au citron et sauce Chimichurri

Temps de préparation + cuisson : 2 heures 15 minutes | Portions : 4

Ingrédients

4 morceaux d'épaule d'agneau
2 cuillères à soupe d'huile d'avocat
Sel et poivre noir au goût
1 tasse de persil frais finement pressé, haché
2 cuillères à soupe d'origan frais
1 gousse d'ail hachée finement
1 cuillère à soupe de vinaigre de champagne
1 cuillère à soupe de jus de citron
1 cuillère à soupe de paprika fumé
¼ cuillère à café de flocons de piment rouge moulu
1/3 tasse de beurre salé, ramolli

Adresses

Préparez un bain-marie et placez-y le sous vide. Régler à 132 F. Assaisonner l'agneau avec du sel et du poivre et placer dans un sac sous vide refermable. Libérez l'air en utilisant la méthode de déplacement d'eau, scellez et plongez le sac dans un bain-marie. Cuire 2 heures.

Dans un bol, bien mélanger le persil, l'ail, l'origan, le vinaigre de champagne, le paprika, le jus de citron, les flocons de piment rouge, le poivre noir, le sel et le beurre ramolli. Laisser refroidir au réfrigérateur.

Lorsque le minuteur s'arrête, retirez l'agneau et séchez-le. Assaisonnez avec du sel et du poivre. Faites chauffer l'huile d'avocat dans une poêle à feu vif et saisissez l'agneau quelques minutes sur toutes les faces. Arrosez de sauce au beurre et servez.

Gigot d'agneau aux légumes et sauce sucrée

Temps de préparation + cuisson : 48 heures 45 minutes | Portions : 4

Ingrédients

4 jarrets d'agneau
2 cuillères à soupe d'huile
2 tasses de farine tout usage
1 oignon rouge haché
4 gousses d'ail hachées et pelées
4 carottes, cubes moyens
4 branches de céleri moyennes, coupées en dés
3 cuillères à soupe de concentré de tomate
½ tasse de vinaigre de vin de Xérès
1 tasse de vin rouge
¾ tasse de miel
1 tasse de bouillon de boeuf
4 brins de romarin frais
2 feuilles de laurier
Sel et poivre noir au goût

Adresses

Préparez un bain-marie et placez-y le sous vide. Réglez-le à 155F.

Chauffer l'huile dans une poêle à feu vif. Assaisonner les cuisses avec du sel, du poivre et de la farine. Faire frire jusqu'à ce qu'ils soient dorés. Reporter. Réduisez le feu et faites revenir l'oignon, la carotte, l'ail et le céleri pendant 10 minutes. Assaisonnez avec du sel et du poivre. Ajoutez le concentré de tomate et laissez cuire encore 1 minute. Ajouter le vinaigre, le bouillon, le vin, le miel, les feuilles de laurier. Cuire 2 minutes.

Placer les légumes, la sauce et l'agneau dans un sac refermable. Libérez l'air en utilisant la méthode de déplacement d'eau, scellez et plongez le sac dans un bain-marie. Cuire 48 heures.

Lorsque le minuteur s'arrête, retirez les tiges et égouttez-les. Réservez le jus de cuisson. Cuire les cuisses pendant 5 minutes jusqu'à ce qu'elles soient dorées. Faites chauffer la marmite à feu vif et versez-y le jus de cuisson. Cuire jusqu'à réduction, 10 minutes. Transférer les cuisses dans une assiette et arroser de sauce avant de servir.

Ragoût de bacon et d'agneau

Temps de préparation + cuisson : 24 heures 25 minutes | Portions : 6

Ingrédients

2 livres d'épaule d'agneau désossée, coupée en dés

4 onces de pancetta, coupée en lanières

1 tasse de vin rouge

2 cuillères à soupe de concentré de tomate

1 tasse de bouillon de boeuf

4 grosses échalotes, coupées en quartiers

4 petites carottes, hachées

4 branches de céleri hachées

3 gousses d'ail hachées

1 livre de pommes de terre, tranchées dans le sens de la longueur

4 onces de champignons portobello séchés

3 brins de romarin frais

3 brins de thym frais

Sel et poivre noir au goût

Adresses

Préparez un bain-marie et placez-y le sous vide. Réglez-le à 146F.

Faites chauffer une poêle à feu vif et faites cuire le bacon jusqu'à ce qu'il soit doré. Reporter. Assaisonnez l'agneau avec du sel et du poivre et faites-le revenir dans la même poêle ; repousser Versez le vin et le bouillon et laissez cuire 5 minutes.

Placer le mélange de vin, l'agneau, la pancetta, les jus de cuisson, les légumes et les herbes dans un sac refermable. Libérez l'air en utilisant la méthode de déplacement d'eau, scellez et plongez le sac dans un bain-marie. Cuire pendant 24 heures.

Lorsque le minuteur s'arrête, retirez le sachet et versez le jus de cuisson dans une marmite sur feu moyen et laissez cuire 15 minutes. Faites dorer l'agneau quelques minutes et servez.

Côtelettes d'agneau au citron et au poivre avec chutney de papaye

Temps de préparation + cuisson : 1 heure 15 minutes | Portions : 4

Ingrédients

8 morceaux d'agneau

2 cuillères à soupe d'huile d'olive

½ cuillère à café de Garam Masala

¼ cuillère à café de poivre citronné

Une pincée d'ail et de poivre

Sel et poivre noir au goût

½ tasse de yaourt

¼ tasse de coriandre fraîche, hachée

2 cuillères à soupe de chutney de papaye

1 cuillère à soupe de curry en poudre

1 cuillère à soupe d'oignon finement haché

Coriandre hachée pour la décoration

Adresses

Préparez un bain-marie et placez-y le sous vide. Régler à 138 F. Badigeonner les boulettes de viande d'huile d'olive et mélanger avec le Garam Masala, le poivre citronné, la poudre d'ail, le sel et le poivre. Placer dans un sac scellé sous vide. Libérez l'air en utilisant la méthode de déplacement d'eau, scellez et plongez le sac dans un bain-marie. Cuire 1 heure.

Pendant ce temps, préparez la sauce en mélangeant le yaourt, le chutney de papaye, la coriandre, le curry et l'oignon. Transférer dans une assiette. Lorsque le minuteur s'arrête, retirez l'agneau et séchez-le. Faites chauffer le reste de l'huile dans une poêle à feu moyen et saisissez l'agneau 30 secondes de chaque côté. Passer sur une plaque à pâtisserie. Servir les boulettes de viande avec une sauce au yaourt. Garnir de coriandre.

Brochettes d'agneau épicées

Temps de préparation + cuisson : 2 heures 20 minutes | Portions : 4

Ingrédients

1 livre de gigot d'agneau, désossé, coupé en dés
2 cuillères à soupe de pâte de piment
1 cuillère à soupe d'huile d'olive
Sel au goût
1 cuillère à café de cumin
1 cuillère à café de coriandre
½ cuillère à café de poivre noir
yaourt grec
feuilles de menthe fraîche pour servir

Adresses

Préparez un bain-marie et placez-y le sous vide. Régler à 134 F. Mélanger tous les ingrédients et placer dans un sac scellé sous vide. Libérez l'air en utilisant la méthode de déplacement d'eau, scellez et plongez le sac dans un bain-marie. Cuire 2 heures.

Lorsque le minuteur s'arrête, retirez l'agneau et séchez-le. Transférer l'agneau sur le grill et cuire 5 minutes. Réservez et laissez reposer 5 minutes. Servir avec du yaourt grec et de la menthe.

Agneau aux herbes et légumes

Temps de préparation + cuisson : 48 heures 30 minutes | Portions : 8)

Ingrédients

2 cuisses d'agneau avec os
1 boîte de tomates en dés avec jus
1 tasse de bouillon de boeuf
1 tasse d'oignon finement haché
½ tasse de céleri, finement haché
½ tasse de carottes finement hachées
½ tasse de vin rouge
2 brins de romarin frais
Sel et poivre noir au goût
1 cuillère à café de koria moulue
1 cuillère à café de cumin moulu
1 cuillère à café de thym

Adresses

Préparez un bain-marie et placez-y le sous vide. Réglez-le à 149F.

Mélanger tous les ingrédients et placer dans un sac sous vide refermable. Libérez l'air en utilisant la méthode de déplacement d'eau, scellez et plongez le sac dans un bain-marie. Cuire 48 heures.

Lorsque le minuteur s'arrête, retirez les tiges, transférez-les dans une assiette et réfrigérez pendant 48 heures. Nettoyez l'agneau en enlevant les os et le gras, puis coupez-le en morceaux. Versez le jus de cuisson maigre et l'agneau haché dans la marmite. Cuire 10 minutes à feu vif jusqu'à ce que la sauce épaississe. Participer.

Carré d'agneau à l'ail

Temps de préparation + cuisson : 1h30 | Portions : 4

Ingrédients

2 cuillères à soupe de beurre

2 carrés d'agneau, frits

1 cuillère à soupe d'huile d'olive

1 cuillère à soupe d'huile de sésame

4 gousses d'ail, hachées

4 brins de basilic frais, coupés en deux

Sel et poivre noir au goût

Adresses

Préparez un bain-marie et placez-y le sous vide. Régler à 130 F. Assaisonner le faux-filet d'agneau avec du sel et du poivre. Placer dans un grand sac scellé sous vide. Libérez l'air en utilisant la méthode de déplacement d'eau, scellez et plongez le sac dans un bain-marie. Cuire 1 heure et 15 minutes.

Lorsque la minuterie s'arrête, retirez la grille et séchez-la avec un torchon. Faites chauffer l'huile de sésame dans une poêle à feu vif et faites cuire le grill 1 minute de chaque côté. Reporter.

Ajoutez 1 cuillère à soupe de beurre dans la poêle et ajoutez la moitié de l'ail et la moitié du basilic. Couverture sur le support. Fermez la grille pendant 1 minute. Retournez et ajoutez plus de beurre. Répétez le processus pour toutes les grilles. Couper en morceaux et servir 4 morceaux dans chaque assiette.

Rôti d'agneau aux herbes

Temps de préparation + cuisson : 3 heures 30 minutes | Portions : 6

Ingrédients:

<u>agneau:</u>

3 grands carrés d'agneau

Sel et poivre noir au goût

1 branche de romarin

2 cuillères à soupe d'huile d'olive

<u>Écorce d'herbes :</u>

2 cuillères à soupe de feuilles de romarin frais

½ tasse de noix de macadamia

2 cuillères à soupe de moutarde de Dijon

½ tasse de persil frais

2 cuillères à soupe de feuilles de thym frais

2 cuillères à soupe de zeste de citron

2 gousses d'ail

2 blancs d'œufs

Adresses :

Faites un bain-marie, mettez le sous vide et réglez-le à 140F.

Séchez l'agneau avec une serviette en papier et frottez la viande avec du sel et du poivre noir. Placer une poêle sur feu moyen et ajouter l'huile d'olive. Lorsqu'il est chaud, saisir l'agneau 2 minutes de chaque côté ; repousser

Ajouter l'ail et le romarin, rôtir pendant 2 minutes et garnir d'agneau. Laissez l'agneau absorber les saveurs pendant 5 minutes.

Placez l'agneau, l'ail et le romarin dans un sac scellé sous vide, expulsez l'air par déplacement d'eau et fermez le sac. Plongez le sac dans le bain-marie.

Réglez la minuterie pour cuire pendant 3 heures. Lorsque le minuteur s'arrête, retirez le sac, décompressez et retirez l'agneau. Battre les blancs d'œufs et réserver.

Réduisez en purée le reste des ingrédients de l'écorce d'herbes répertoriés dans un mélangeur et réservez. Séchez l'agneau avec du papier absorbant et badigeonnez-le de blanc d'œuf. Tremper dans le mélange d'herbes et verser joliment.

Placer le carré d'agneau face vers le haut sur la plaque à pâtisserie. Cuire au four pendant 15 minutes. Coupez délicatement chaque morceau avec un couteau bien aiguisé. Servir avec une purée de bacon aux légumes.

Les brochettes d'agneau et de cerises sud-africaines sont populaires

Temps de préparation + cuisson : 8 heures 40 minutes | Portions : 6

Ingrédients

¾ tasse de vinaigre de vin blanc

½ tasse de vin rouge sec

2 oignons hachés

4 gousses d'ail, hachées

Zeste de 2 citrons

6 cuillères à soupe de cassonade

2 cuillères à soupe de cumin moulu

1 cuillère à soupe de confiture de cerises

1 cuillère à soupe de farine de maïs

1 cuillère à soupe de curry en poudre

1 cuillère à soupe de gingembre râpé

2 cuillères à café de sel

1 cuillère à café de piment de la Jamaïque

1 cuillère à café de cannelle moulue

4½ lb d'épaule d'agneau, coupée en dés

1 cuillère à soupe de beurre

6 oignons perlés, pelés et coupés en deux

12 cerises séchées, coupées en deux

2 cuillères à soupe d'huile d'olive

Adresses

Préparez un bain-marie et placez-y le sous vide. Réglez-le sur 141F.

Bien mélanger le vinaigre, le vin rouge, l'oignon, l'ail, le zeste de citron, la cassonade, le cumin, la confiture de cerises, la semoule de maïs, la poudre de curry, le gingembre, le sel, le piment de la Jamaïque et la cannelle.

Placez l'agneau dans un grand sac refermable. Libérez l'air en utilisant la méthode de déplacement d'eau, scellez et plongez le sac dans un bain-marie. Cuire pendant 8 heures. À 20 minutes de la fin, faites chauffer le beurre dans une casserole et faites revenir les oignons grelots pendant 8 minutes jusqu'à ce qu'ils soient tendres. Réservez et mettez au frais.

Lorsque le minuteur s'arrête, retirez l'agneau et séchez-le avec un torchon. Réservez le jus de cuisson et transférez-le dans une casserole à feu moyen et laissez cuire 10 minutes jusqu'à réduction de moitié. Mettez tous les ingrédients du kebab sur la brochette et roulez-la. Faites chauffer l'huile d'olive sur un grill à feu vif et faites cuire les brochettes 45 secondes de chaque côté.

Curry d'agneau et poivre

Temps de préparation + cuisson : 30 heures 30 minutes | Portions : 4

Ingrédients

2 cuillères à soupe de beurre

2 poivrons hachés

3 gousses d'ail hachées

1 cuillère à café de curcuma

1 cuillère à café de cumin moulu

1 cuillère à café de paprika

1 cuillère à café de gingembre frais râpé

½ cuillère à café de sel

2 gousses de cardamome

2 brins de thym frais

2¼ livres d'agneau désossé, en cubes

1 gros oignon haché

3 tomates hachées

1 cuillère à café de piment de la Jamaïque

2 cuillères à soupe de yaourt grec

1 cuillère à soupe de coriandre fraîche hachée

Adresses

Préparez un bain-marie et placez-y le sous vide. Réglez à 179 F. Mélangez 1 cuillère à soupe de beurre, le paprika, 2 gousses d'ail, le curcuma, le cumin, le paprika, le gingembre, le sel, la cardamome et le thym. Placer l'agneau dans un sac sous vide avec le mélange de beurre. Libérez l'air en utilisant la méthode de déplacement d'eau, scellez et plongez le sac dans un bain-marie. Cuire pendant 30 heures.

Lorsque le chronomètre s'arrête, retirez le sac et mettez-le de côté. Faites chauffer le beurre dans une casserole à feu vif. Ajouter l'oignon et cuire 4 minutes. Ajouter l'ail restant et cuire encore 1 minute. Réduisez le feu et ajoutez les tomates et le piment de la Jamaïque. Cuire 2 minutes. Ajoutez le yaourt, l'agneau et le jus de cuisson. Cuire 10 à 15 minutes. Garnir de coriandre.

Côtes d'agneau au chèvre

Temps de préparation + cuisson : 4 heures 10 minutes | Portions : 2

Ingrédients:

Côtes:

2 côtes d'agneau

2 cuillères à soupe d'huile végétale

1 gousse d'ail hachée

2 cuillères à soupe de feuilles de romarin hachées

1 cuillère à soupe de pollen de fenouil

Sel et poivre noir au goût

½ cuillère à café de poivre de Cayenne

Décorer:

250 g de fromage de chèvre haché

2 onces de noix grillées, hachées

3 cuillères à soupe de persil haché

Adresses :

Faites un bain-marie, placez-le sous vide et réglez à 134 F. Mélangez les ingrédients d'agneau répertoriés à l'exception de l'agneau. Séchez l'agneau avec un torchon et frottez-le avec le mélange d'épices. Placer la viande dans un sac sous vide, chasser l'air en déplaçant l'eau, fermer et plonger le sac dans un bain-marie. Réglez la minuterie sur 4 heures.

Lorsque le minuteur s'arrête, retirez l'agneau. Chauffer le gril à feu vif et ajouter l'huile. Faire frire l'agneau jusqu'à ce qu'il soit doré. Coupez les côtes entre les os. Garnir de fromage de chèvre, de noix et de persil. Servir avec une sauce piquante.

épaule d'agneau

Temps de préparation + cuisson : 4 heures 10 minutes | Portions : 3

Ingrédients:

1 livre d'épaule d'agneau, désossée
Sel et poivre noir au goût
2 cuillères à soupe d'huile d'olive
1 gousse d'ail, hachée
1 brin de thym
1 branche de romarin

Adresses :

Préparez un bain-marie et placez-y le sous vide. Régler à 145 F. Sécher l'épaule d'agneau avec du papier absorbant et frotter avec du poivre et du sel.

Placez l'agneau et le reste des ingrédients indiqués dans un sac refermable. Libérez l'air en utilisant la méthode de déplacement d'eau, scellez et plongez le sac dans un bain-marie. Réglez la minuterie sur 4 heures.

Une fois terminé, retirez le sac et transférez les omoplates d'agneau dans le plat allant au four. Versez le jus dans une casserole et faites cuire à feu moyen pendant 2 minutes. Préchauffez le gril pendant 10 minutes et faites griller l'épaule jusqu'à ce qu'elle soit dorée et croustillante. Servir l'épaule d'agneau et la sauce accompagnée de bacon végétal beurré.

Rôti d'agneau aux jalapeños

Temps de préparation + cuisson : 3 heures | Portions : 6

Ingrédients:

1 ½ cuillères à soupe d'huile de colza

1 cuillère à soupe de graines de moutarde noire

1 cuillère à café de graines de cumin

Sel et poivre noir au goût

4 livres de gigot d'agneau en papillon

½ tasse de feuilles de menthe hachées

½ tasse de feuilles de coriandre hachées

1 échalote hachée

1 gousse d'ail hachée

2 jalapenos rouges, hachés

1 cuillère à soupe de vinaigre de vin rouge

1 ½ cuillères à soupe d'huile d'olive

Adresses :

Placez la casserole à feu doux sur la cuisinière. Ajouter ½ cuillère à soupe d'huile d'olive; Une fois bien chaud, ajoutez le cumin et les graines de moutarde et laissez cuire 1 minute. Éteignez le feu et transférez les graines dans un bol. Saupoudrer de sel et de poivre noir. Un mélange. Répartir la moitié du mélange d'épices à l'intérieur du gigot d'agneau et rouler. Fixez avec de la ficelle de boucher à intervalles de 1 pouce.

Assaisonner de sel et de poivre et masser. Répartir uniformément la moitié du mélange d'épices sur le gigot d'agneau, puis rouler délicatement. Faites un bain-marie et placez-y le sous vide. Régler à 145 F. Placer le gigot d'agneau dans un sac scellable sous vide, expulser l'air en utilisant la méthode de déplacement d'eau, sceller et plonger dans un bain-marie. Réglez la minuterie sur 2 heures 45 minutes et faites cuire.

Préparez la sauce; Ajoutez les échalotes, la coriandre, l'ail, le vinaigre de vin rouge, la menthe et le piment rouge au mélange de moutarde au cumin. Remuer et assaisonner de sel et de poivre. Reporter. Lorsque le chronomètre s'arrête, retirez et ouvrez le sac. Retirez l'agneau et séchez-le avec une serviette en papier.

Versez l'huile de colza dans les poêles en fonte, faites chauffer 10 minutes à feu vif. Placer sur l'agneau et saisir des deux côtés. Retirez la ficelle et coupez l'agneau en tranches. Servir avec la sauce.

Côtelettes d'agneau grillées au thym et à la sauge

Temps de préparation + cuisson : 3 heures 20 minutes | Portions : 6

Ingrédients

6 cuillères à soupe de beurre

4 cuillères à soupe de vin blanc sec

4 cuillères à soupe de bouillon de poulet

4 brins de thym frais

2 gousses d'ail hachées

1½ cuillères à café de sauge fraîche hachée

1½ cuillères à café de cumin

6 morceaux d'agneau

Sel et poivre noir au goût

2 cuillères à soupe d'huile d'olive

Adresses

Préparez un bain-marie et placez-y le sous vide. Réglez-le à 134F.

Faites chauffer une casserole à feu moyen et mélangez le beurre, le vin blanc, le bouillon, le thym, l'ail, le cumin et la sauge. Cuire 5 minutes. Laisser refroidir. Assaisonnez l'agneau avec du sel et du poivre. Placer dans trois sacs sous vide avec le mélange de beurre. Libérez l'air en utilisant la méthode de déplacement d'eau, scellez et plongez les sacs dans un bain-marie. Cuire pendant 3 heures.

Une fois terminé, retirez l'agneau et séchez-le avec un torchon. Badigeonner les boulettes de viande d'huile d'olive. Faites chauffer une poêle à feu vif et faites cuire l'agneau 45 secondes de chaque côté. Laisser reposer 5 minutes.

Côtelettes d'agneau au chimichurri au basilic

Temps de préparation + cuisson : 3 heures 40 minutes | Portions : 4

Ingrédients:

Côtelettes d'agneau:

3 carrés d'agneau, frits
3 gousses d'ail hachées
Sel et poivre noir au goût

Chimichurri au basilic :

1 ½ tasse de basilic frais, finement haché
2 échalotes bananes, coupées en dés
3 gousses d'ail hachées
1 cuillère à café de flocons de piment rouge
½ tasse d'huile d'olive
3 cuillères à soupe de vinaigre de vin rouge
Sel et poivre noir au goût

Adresses :

Préparez un bain-marie et placez-y le sous vide. Réglez à 140 F. Séchez les grilles avec un torchon et frottez avec du poivre et du sel. Placez la viande et l'ail dans un sac hermétique, expulsez l'air en utilisant la méthode de déplacement d'eau et fermez le sac. Plongez le sac dans le bain-marie. Réglez la minuterie sur 2 heures et faites cuire.

Préparez le chimichurri au basilic : mélangez tous les ingrédients listés dans un bol. Couvrir d'un film alimentaire et réfrigérer 1 heure et 30 minutes. Lorsque le chronomètre s'arrête, retirez le sac et ouvrez-le. Retirez l'agneau et séchez-le avec une serviette en papier. Brun brûlé à brun doré. Versez le chimichurri au basilic sur l'agneau. Servir avec un accompagnement de légumes cuits à la vapeur.

Brochettes d'agneau harissa salées

Temps de préparation + cuisson : 2 heures 30 minutes | Portions : 10

Ingrédients

3 cuillères à soupe d'huile d'olive

4 cuillères à café de vinaigre de vin rouge

2 cuillères à soupe de pâte de piment

2 gousses d'ail hachées

1½ cuillères à café de cumin moulu

1½ cuillères à café de coriandre moulue

1 cuillère à café de piment fort

Sel au goût

1½ lb d'épaule d'agneau désossée, coupée en dés

1 concombre, pelé et haché

Zeste et jus d'un ½ citron

1 tasse de yaourt grec

Adresses

Préparez un bain-marie et placez-y le sous vide. Réglez à 134 F. Mélangez 2 cuillères à soupe d'huile d'olive, le vinaigre, le piment, l'ail, le cumin, la coriandre, le paprika et le sel. Placer l'agneau et la sauce dans un sac refermable. Libérez l'air par la méthode de déplacement d'eau, fermez et plongez le sac dans le bain. Cuire 2 heures.

Lorsque le minuteur s'arrête, retirez l'agneau et séchez-le avec un torchon. Jetez les jus de cuisson. Dans un petit bol, mélanger le concombre, le zeste et le jus de citron, le yaourt et l'ail écrasé. Reporter. Remplissez la brochette d'agneau et tournez-la.

Faites chauffer l'huile dans une poêle à feu vif et faites revenir les brochettes 1 à 2 minutes de chaque côté. Garnir de sauce citron-ail et servir.

Porc à la moutarde douce et oignons croustillants

Temps de préparation + cuisson : 48 heures 40 minutes | Portions : 6

Ingrédients

1 cuillère à soupe de sauce tomate

4 cuillères à soupe de moutarde et de miel

2 cuillères à soupe de sauce soja

2¼ livres d'épaule de porc

1 gros oignon doux, coupé en fines rondelles

2 tasses de lait

1½ tasse de farine tout usage

2 cuillères à café de poudre d'oignon granulé

1 cuillère à café de paprika

Sel et poivre noir au goût

4 verres d'huile végétale pour la friture

Adresses

Préparez un bain-marie et placez-y le sous vide. Réglez sur 159F.

Mélangez bien la moutarde, la sauce soja et le ketchup pour former une pâte. Nappez le porc de sauce et placez-le dans un sac sous vide refermable. Libérez l'air en utilisant la méthode de déplacement d'eau, scellez et plongez le sac dans un bain-marie. Cuire 48 heures.

Pour faire les oignons : Séparez les rondelles d'oignon dans un bol. Versez le lait dessus et laissez refroidir 1 heure. Mélangez la farine, la poudre d'oignon, le paprika et une pincée de sel et de poivre.

Faites chauffer l'huile dans une poêle à 375 F. Égouttez les oignons et ajoutez-les au mélange de farine. Bien agiter et transférer dans la poêle. Cuire pendant 2 minutes ou jusqu'à ce qu'ils soient croustillants. Transférer sur une plaque à pâtisserie et sécher avec un torchon. Répétez le processus avec les oignons restants.

Lorsque le minuteur s'arrête, retirez le porc, transférez-le sur une planche à découper et tirez le porc jusqu'à ce qu'il soit déchiqueté. Réservez le jus de cuisson et transférez-le dans une marmite à feu moyen et laissez cuire 5 minutes jusqu'à réduction. Servir le porc avec la sauce et garnir d'oignons croustillants.

Délicieuses escalopes de porc au basilic et citron

Temps de préparation + cuisson : 1 heure 15 minutes | Portions : 4

Ingrédients

4 cuillères à soupe de beurre

4 morceaux de côtes de porc désossées

Sel et poivre noir au goût

1 zeste et jus de citron

2 gousses d'ail, hachées

2 feuilles de laurier

1 branche de basilic frais

Adresses

Préparez un bain-marie et placez-y le sous vide. Ajuster à 141 F. Assaisonner les boulettes de viande avec du sel et du poivre.

Placer les boulettes de viande avec le zeste et le jus de citron, l'ail, les feuilles de laurier, le basilic et 2 cuillères à soupe de beurre dans un sac refermable. Libérez l'air en utilisant la méthode de déplacement d'eau, scellez et plongez le sac dans un bain-marie. Cuire 1 heure.

Lorsque le minuteur s'arrête, retirez les boulettes de viande et séchez-les avec un torchon. Réservez les herbes. Faites chauffer le beurre restant dans une poêle à feu moyen et faites cuire 1 à 2 minutes de chaque côté.

Côtes levées à la sauce chinoise

Temps de préparation + cuisson : 4 heures 25 minutes | Portions : 4

Ingrédients

1/3 tasse de sauce hoisin

1/3 tasse de sauce soja noire

1/3 tasse de sucre

3 cuillères à soupe de miel

3 cuillères à soupe de vinaigre blanc

1 cuillère à soupe de pâte de haricots fermentée

2 cuillères à café d'huile de sésame

2 gousses d'ail, hachées

1 pouce de gingembre frais râpé

1 ½ cuillères à café de poudre de cinq épices

Sel au goût

½ cuillère à café de poivre noir fraîchement moulu

3 livres de côtes levées

Feuilles de coriandre pour servir

Adresses

Préparez un bain-marie et placez-y le sous vide. Réglez sur 168F.

Dans un bol, mélanger la sauce Hoisin, la sauce soja noire, le sucre, le vinaigre blanc, le miel, la pâte de haricots, l'huile de sésame, la poudre de cinq épices, le sel, le gingembre, le poivre blanc et le poivre noir. On garde 1/3 du mélange et on le refroidit.

Badigeonner les côtes levées avec le mélange et répartir dans 3 sachets sous vide. Libérez l'air en utilisant la méthode de déplacement d'eau, scellez et plongez les sacs dans un bain-marie. Cuire pendant 4 heures.

Préchauffer le four à 400 F. Lorsque la minuterie s'arrête, retirer les côtes et badigeonner du reste du mélange. Transférer sur une plaque à pâtisserie et mettre au four. Cuire au four pendant 3 minutes. Retirer et laisser reposer 5 minutes. Découpez le filet et recouvrez de coriandre.

Ragoût de porc et de haricots

Temps de préparation + cuisson : 7 heures 20 minutes | Portions : 8)

Ingrédients

2 cuillères à soupe d'huile végétale

1 cuillère à soupe de beurre

1 longe de porc coupée en cubes

Sel et poivre noir au goût

2 tasses d'oignons perlés surgelés

2 gros panais, hachés

2 gousses d'ail hachées

2 cuillères à soupe de farine tout usage

1 tasse de vin blanc sec

2 tasses de bouillon de poulet

1 boîte de haricots noirs égouttés et rincés

4 brins de romarin frais

2 feuilles de laurier

Adresses

Préparez un bain-marie et placez-y le sous vide. Réglez-le à 138F.

Faites chauffer une poêle antiadhésive à feu vif avec le beurre et l'huile. Ajoutez le porc. Assaisonner de poivre et de sel. Cuire 7 minutes. Ajouter les oignons et cuire 5 minutes. Mélanger l'ail et le vin jusqu'à ce qu'ils soient mousseux. Ajoutez les haricots, le romarin, le bouillon et les feuilles de laurier. Retirer du feu.

Mettez le porc dans un sac sous vide. Libérez l'air en utilisant la méthode de déplacement d'eau, scellez et plongez le sac dans un bain-marie. Cuire pendant 7 heures. Lorsque le chronomètre s'arrête, retirez le sac et transférez-le dans le récipient. Garnir de romarin.

Râpez les côtes de porc

Temps de préparation + cuisson : 20 heures 10 minutes | Portions : 6

Ingrédients:

5 lb (2) côtes de porc garnies de carrés
½ tasse de mélange d'épices jerk

Adresses :

Faites un bain-marie, mettez-le sous vide et réglez-le à 145 F. Coupez les grilles en deux et assaisonnez avec la moitié des épices. Placez les grilles sur des grilles séparées scellables sous vide. Libérez l'air en utilisant la méthode de déplacement d'eau, scellez et plongez les sacs dans un bain-marie. Réglez la minuterie sur 20 heures.

Couvrez le bain-marie avec un sac pour réduire l'évaporation et ajoutez de l'eau toutes les 3 heures pour éviter que l'eau ne se dessèche. Lorsque le chronomètre s'arrête, retirez et ouvrez le sac. Transférez les côtes levées sur une plaque à pâtisserie tapissée de papier d'aluminium et faites chauffer le gril à feu vif. Frottez les côtes avec le reste de l'assaisonnement et placez-les sur le gril. Griller pendant 5 minutes. Couper en côtes individuelles.

Côtelettes de porc balsamique

Temps de préparation + cuisson : 1 heure 15 minutes | Portions : 5

Ingrédients:

2 livres de côtelettes de porc

3 gousses d'ail hachées

½ cuillère à café de basilic séché

½ cuillère à café de thym séché

¼ tasse de vinaigre balsamique

Sel et poivre noir au goût

3 cuillères à soupe d'huile d'olive extra vierge

Adresses :

Préparez un bain-marie, placez-le sous vide et réglez à 158 F. Assaisonnez généreusement les côtelettes de porc avec du sel et du poivre; repousser

Dans un petit bol, mélangez le vinaigre avec 1 cuillère à soupe d'huile d'olive, le thym, le basilic et l'ail. Bien mélanger et répartir uniformément sur la viande. Placer dans un grand sac sous vide et fermer hermétiquement. Plongez le sac scellé dans un bain-marie et faites bouillir pendant 1 heure.

Lorsque le minuteur s'arrête, retirez les côtelettes de porc du sac et séchez-les. Faites chauffer le reste de l'huile d'olive dans une poêle moyenne à feu vif. Cuire les boulettes de viande pendant une minute de chaque côté ou jusqu'à ce qu'elles soient dorées. Ajouter le jus de cuisson et laisser mijoter 3-4 minutes ou jusqu'à épaississement.

Côtes de porc désossées avec sauce noix de coco et cacahuètes

Temps de préparation + cuisson : 8 heures 30 minutes | Portions : 3

Ingrédients:

½ tasse de lait de coco
2 ½ cuillères à soupe de beurre de cacahuète
2 cuillères à soupe de sauce soja
1 cuillère à soupe de sucre
3 pouces de citronnelle fraîche
1 ½ cuillères de sauce au poivre
1 ½ pouce de gingembre pelé
3 gousses d'ail
2 ½ cuillères à café d'huile de sésame
13 onces de côtes de porc désossées

Adresses :

Préparez un bain-marie et placez-y le sous vide. Régler à 135 F. Mélanger tous les ingrédients répertoriés, à l'exception des côtes de porc et de la coriandre, jusqu'à consistance lisse.

Placez les côtes levées dans un sac refermable et versez la sauce dessus. Libérez l'air en utilisant la méthode de déplacement d'eau et scellez le sac. Placer dans un bain-marie et régler la minuterie sur 8 heures.

Lorsque le chronomètre s'arrête, retirez le sac, déballez-le et retirez les côtes levées. Transférer dans une assiette et réserver au chaud. Placez la poêle sur feu moyen et versez la sauce du sachet. Faire bouillir 5 minutes, baisser le feu et laisser mijoter 12 minutes.

Ajoutez les côtes levées et versez la sauce dessus. Cuire à feu doux pendant 6 minutes. Servir avec un accompagnement de légumes cuits à la vapeur.

Filet de porc au citron vert et à l'ail

Temps de préparation + cuisson : 2 heures 15 minutes | Portions : 2

Ingrédients:

2 cuillères à soupe de poudre d'ail
2 cuillères à soupe de cumin moulu
2 cuillères à soupe de thym séché
2 cuillères à soupe de romarin séché
1 pincée de sel marin au citron vert
2 (3 lb) longes de porc, peau enlevée
2 cuillères à soupe d'huile d'olive
3 cuillères à soupe de beurre non salé

Adresses :

Faire un bain-marie, placer sous vide et régler à 140 F. Ajouter le cumin, la poudre d'ail, le thym, le sel de citron vert, le romarin et le sel de citron vert dans un bol et mélanger uniformément. Badigeonner le porc d'huile d'olive et frotter avec le mélange de sel et d'herbes de cumin.

Placer le porc dans deux sacs séparés sous vide. Libérez l'air en utilisant la méthode de déplacement d'eau et scellez les sacs. Placer dans un bain-marie et régler la minuterie sur 2 heures.

Lorsque le chronomètre s'arrête, retirez et ouvrez le sac. Retirez le porc et séchez-le avec une serviette en papier. Jetez le jus dans le sac. Faites chauffer une poêle en fonte à feu vif et ajoutez le beurre. Ajouter au porc et cuire jusqu'à ce qu'il soit doré. Laissez le porc reposer sur une planche à découper. Coupez-les en médaillons de 2 pouces.

Côtes de porc barbecue

Temps de préparation + cuisson : 1 heure 10 minutes | Portions : 4

Ingrédients:

1 livre de côtes de porc
1 cuillère à café de poudre d'ail
Sel et poivre noir au goût
1 tasse de sauce barbecue

Adresses :

Faire un bain-marie, placer sous vide et régler à 140 F. Frotter les côtes de porc avec du sel et du poivre, placer dans un sac sous vide, libérer l'air et sceller. Placer dans l'eau et régler la minuterie sur 1 heure.

Lorsque le chronomètre s'arrête, retirez et ouvrez le sac. Retirer les côtes et arroser de sauce BBQ. Reporter. Faites chauffer le gril. Une fois chaudes, saisissez les côtes de tous les côtés pendant 5 minutes. Servir avec la sauce de votre choix.

Surlonge à l'érable et compote de pommes

Temps de préparation + cuisson : 2 heures 20 minutes | Portions : 4

Ingrédients

1 livre de filet de porc

1 cuillère à soupe de romarin frais moulu

1 cuillère à soupe de sirop d'érable

1 cuillère à café de poivre noir

Sel au goût

1 cuillère à soupe d'huile d'olive

1 pomme coupée en cubes

1 petite échalote, tranchée finement

¼ tasse de bouillon de légumes

½ cuillère à café de cidre de pomme

Adresses

Préparez un bain-marie et placez-y le sous vide. Régler à 135 F. Retirer la peau du surlonge et couper en deux. Mélangez le romarin, le sirop d'érable, le poivre moulu et 1 cuillère à soupe de sel. Saupoudrer sur le filet. Placer dans un sac scellé sous vide. Libérez l'air en utilisant la méthode de déplacement d'eau, scellez et plongez le sac dans un bain-marie. Cuire 2 heures.

Lorsque la minuterie s'arrête, retirez le sac et égouttez-le. Réservez le jus de cuisson. Faites chauffer l'huile d'olive dans une poêle à feu moyen et faites cuire le filet mignon pendant 5 minutes. Reporter.

Réduisez le feu et ajoutez la pomme, le romarin et les échalotes. Assaisonner de sel et faire frire pendant 2-3 minutes jusqu'à ce qu'ils soient dorés. Ajoutez le vinaigre, le bouillon et le jus de cuisson. Cuire à feu doux pendant encore 3 à 5 minutes. Coupez le filet en médaillons et servez avec le mélange de pommes.

Poitrine de porc fumée au paprika

Temps de préparation + cuisson : 24 heures 15 minutes | Portions : 8

Ingrédients :

1 livre de poitrine de porc

½ cuillère de paprika fumé

½ cuillère à café de poudre d'ail

1 cuillère à café de coriandre

½ cuillère à café de flocons de piment

Sel et poivre noir au goût

Adresses :

Préparez un bain-marie et placez-y le sous vide. Régler à 175 F. Dans un petit bol, mélanger toutes les épices et frotter le mélange sur la poitrine de porc. Placer le mélange dans un sac scellé sous vide. Libérez l'air en utilisant la méthode de déplacement d'eau, scellez et plongez le sac dans un bain-marie. Réglez la minuterie sur 24 heures.

Une fois terminé, retirez le sachet, versez le liquide de cuisson dans la marmite et disposez la pancetta sur une assiette. Faire bouillir le liquide de cuisson jusqu'à ce qu'il soit réduit de moitié. Saupoudrer sur le porc et servir.

Tacos aux carnitas au porc

Temps de préparation + cuisson : 3 heures 10 minutes | Portions : 4

Ingrédients:

2 livres d'épaule de porc

3 gousses d'ail hachées

2 feuilles de laurier

1 oignon haché

Sel et poivre noir au goût

Tortillas de maïs

Adresses :

Préparez un bain-marie et placez-y le sous vide. Réglez-le à 185F.

Pendant ce temps, mélangez toutes les épices et frottez le mélange sur le porc. Placez-le dans un sachet sous vide avec les feuilles de laurier, l'oignon et l'ail. Libérez l'air en utilisant la méthode de déplacement d'eau, scellez et plongez le sac dans un bain-marie. Réglez la minuterie sur 3 heures.

Une fois terminé, transférer sur une planche à découper et écraser avec 2 fourchettes. Répartir entre les tortillas de maïs et servir.

Porc épicé avec glaçage à la moutarde et à la mélasse

Temps de préparation + cuisson : 4 heures 15 minutes | Portions : 6

Ingrédients

2 livres de filet de porc rôti

1 feuille de laurier

3 onces de mélasse

½ once de sauce soja

½ once de miel

Jus de 2 citrons

2 lanières de zeste de citron

4 oignons hachés

½ cuillère à café de poudre d'ail

¼ cuillère à café de moutarde de Dijon

¼ cuillère à café de piment de la Jamaïque moulu

1 oz de chips de maïs écrasées

Adresses

Préparez un bain-marie et placez-y le sous vide. Réglez-le à 142F.

Placer le filet de porc et le laurier dans un sac sous vide refermable. Ajouter la mélasse, la sauce soja, le zeste de citron, le miel, l'oignon, la poudre d'ail, la moutarde, le piment de la Jamaïque et bien agiter. Libérez l'air en utilisant la méthode de déplacement d'eau, scellez et plongez le sac dans un bain-marie. Cuire pendant 4 heures.

Lorsque le chronomètre s'arrête, retirez le sac. Versez le reste du mélange dans la casserole et faites cuire jusqu'à ce qu'il soit tendre. Servir le porc avec la sauce et garnir de chips de maïs écrasées. Garnir d'oignon vert.

cou de porc frit

Temps de préparation + cuisson : 1h20 | Portions : 8

Ingrédients:

2 livres de longe de porc, désossée et coupée en 2 morceaux

4 cuillères à soupe d'huile d'olive

2 cuillères à café de sauce soja

2 cuillères à soupe de sauce barbecue

½ cuillère de sucre

4 brins de romarin, sans feuilles

4 brins de thym, sans feuilles

2 gousses d'ail hachées

Sel et poivre blanc au goût

¼ cuillère à café de flocons de piment rouge

Adresses :

Faites un bain-marie, ajoutez-y sous vide et réglez à 140 F. Assaisonnez le porc avec du sel et du poivre. Placer la viande dans 2 sacs séparés sous vide, libérer l'air et sceller. Placez le bain-marie et réglez la minuterie sur 1 heure.

Lorsque le chronomètre s'arrête, retirez et ouvrez les sacs. Mélangez le reste des ingrédients de la liste. Préchauffer le four à 425 F. Placer le porc dans un plat allant au four et frotter généreusement le mélange de sauce soja sur le porc. Cuire au four pendant 15 minutes. Laissez le porc refroidir avant de le découper. Servir avec un accompagnement de légumes cuits à la vapeur.

Côtes de porc

Temps de préparation + cuisson : 12 heures 10 minutes | Portions : 4

Ingrédients:

1 côte de porc
2 cuillères à soupe de cassonade
½ tasse de sauce barbecue
1 cuillère à soupe de poudre d'ail
2 cuillères à soupe de paprika
Sel et poivre noir au goût
1 cuillère à soupe de poudre d'oignon

Adresses :

Préparez un bain-marie et placez-y le sous vide. Régler à 165 F. Placer le porc avec les assaisonnements dans un sac scellé sous vide. Libérez l'air en utilisant la méthode de déplacement d'eau, scellez et plongez le sac dans un bain-marie. Réglez la minuterie sur 12 heures.

Lorsque le minuteur s'arrête, retirez les côtes levées du sac et badigeonnez-les de sauce barbecue. Envelopper dans du papier aluminium et placer sous le grill quelques minutes. Sers immédiatement.

Escalopes de porc au thym

Temps de préparation + cuisson : 70 minutes | Portions : 4

Ingrédients:

4 morceaux de porc

2 cuillères à café de thym frais

1 cuillère à soupe d'huile d'olive

Sel et poivre noir au goût

Adresses :

Préparez un bain-marie et placez-y le sous vide. Régler à 145 F. Mélanger le porc avec le reste des ingrédients dans un sac scellé sous vide. Libérez l'air en utilisant la méthode de déplacement d'eau, scellez et plongez le sac dans un bain-marie. Réglez la minuterie sur 60 minutes. Une fois cuit, retirez le sachet et faites-le revenir quelques secondes de chaque côté avant de servir.

Côtes de porc

Temps de préparation + cuisson : 75 minutes | Portions : 6

Ingrédients:

2 livres de porc haché

½ tasse de chapelure

1 oeuf

1 cuillère à café de paprika

Sel et poivre noir au goût

1 cuillère à soupe de farine

2 cuillères à soupe de beurre

Adresses :

Préparez un bain-marie et placez-y le sous vide. Régler à 140 F. Mélanger le porc, l'œuf, le paprika, la farine et le sel. Former les boulettes de viande et placer chacune dans un petit sac sous vide. Libérez l'air en utilisant la méthode de déplacement d'eau, scellez et plongez le sac dans un bain-marie. Réglez la minuterie sur 60 minutes.

Lorsque le chronomètre s'arrête, retirez le sac. Faire fondre le beurre dans une poêle à feu moyen. Enduire les escalopes de chapelure de viande et les faire frire de tous les côtés jusqu'à ce qu'elles soient dorées. Servir et déguster.

Boulettes de viande à la sauge et au cidre

Temps de préparation + cuisson : 70 minutes | Portions : 2

Yoingrédients

2 morceaux de porc

1 brin de romarin haché

Sel et poivre noir au goût

1 gousse d'ail hachée

1 tasse de cidre dur, divisé

1 cuillère à café de sauge

1 cuillère à soupe d'huile végétale

1 cuillère à soupe de sucre

Adresses

Préparez un bain-marie et placez-y le sous vide. Réglez-le à 138F.

Mélangez le sel, le poivre, la sauge, le romarin et l'ail dans un bol. Frottez les boulettes de viande avec ce mélange et placez-les dans un sac sous vide. Ajouter 1/4 tasse de cidre dur. Libérez l'air en utilisant la méthode de déplacement d'eau, scellez et plongez le sac dans un bain-marie. Cuire 45 minutes.

Une fois terminé, retirez le sac. Faites chauffer l'huile dans une poêle à feu moyen et faites revenir les légumes. Ajouter les morceaux et faire revenir jusqu'à ce qu'ils soient dorés. Laisser reposer 5 minutes. Versez dans la casserole le jus de cuisson avec 1 tasse de cidre et le sucre. Continuez à remuer jusqu'à dissolution. Pour servir, verser la sauce sur les boulettes de viande.

Filet de porc au romarin

Temps de préparation + cuisson : 2 heures 15 minutes | Portions : 4

Ingrédients:

1 livre de filet de porc

2 gousses d'ail

2 brins de romarin

1 cuillère à soupe de romarin séché

Sel et poivre noir au goût

1 cuillère à soupe d'huile d'olive

Adresses :

Préparez un bain-marie et placez-y le sous vide. Régler à 140 F. Assaisonner la viande avec du sel, du romarin et du poivre et placer dans un sac sous vide avec l'ail et le romarin. Libérez l'air en utilisant la méthode de déplacement d'eau, scellez et plongez le sac dans un bain-marie. Réglez la minuterie sur 2 heures.

Lorsque le chronomètre s'arrête, retirez le sac. Faites chauffer l'huile dans une poêle à feu moyen. Faites frire la viande de tous les côtés pendant environ 2 minutes.

Pancetta au paprika et oignons perlés

Temps de préparation + cuisson : 1h50 | Portions : 4

Ingrédients

1 livre d'oignons perlés, pelés
4 tranches de pancetta, hachées et cuites
1 cuillère à soupe de thym
1 cuillère à café de paprika

Adresses

Préparez un bain-marie et placez-y le sous vide. Régler à 186 F. Placer la pancetta, les oignons grelots, le thym et le poivron dans un sac hermétique. Libérez l'air par la méthode de déplacement d'eau, fermez et plongez le sac dans le bain. Cuire 90 minutes. Une fois terminé, retirez le sachet et jetez le jus de cuisson.

Escalopes de porc aux tomates et purée de pommes de terre

Temps de préparation + cuisson : 5 heures 40 minutes | Portions : 4

Ingrédients

500 g de côtelettes de porc sans peau

Sel et poivre noir au goût

1 tasse de bouillon de boeuf

½ tasse de sauce tomate

1 branche de céleri, coupée en dés de 1 pouce

1 échalote coupée en quartiers

3 brins de thym frais

1 oz de purée de pommes de terre rouge

Adresses

Préparez un bain-marie et placez-y le sous vide. Réglez-le à 182F.

Assaisonnez les boulettes de viande avec du sel et du poivre, puis placez-les dans un sac refermable. Ajouter le bouillon, la sauce tomate, les échalotes, le whisky, le céleri et le thym. Libérez l'air en utilisant la méthode de déplacement d'eau, scellez et plongez le sac dans un bain-marie. Cuire 5 heures.

Lorsque le minuteur s'arrête, retirez les boulettes de viande et transférez-les dans une assiette. Réservez les liquides de cuisson. Faites chauffer la marmite à feu vif et versez le jus égoutté ; bouillir Réduire le feu et laisser mijoter 20 minutes. Ajoutez ensuite les boulettes de viande et laissez cuire encore 2-3 minutes. Servir avec une purée de pommes de terre.

Toasts aux œufs et bacon croustillant

Temps de préparation + cuisson : 70 minutes | Portions : 2

Ingrédients

4 gros jaunes d'œufs
2 tranches de bacon
4 tranches de pain grillé

Adresses

Préparez un bain-marie et placez-y le sous vide. Réglez à 143 F. Placez les jaunes d'œufs dans un sac scellé sous vide. Libérez l'air en utilisant la méthode de déplacement d'eau, scellez et plongez le sac dans un bain-marie. Cuire 60 minutes.

Pendant ce temps, coupez la pancetta en tranches et faites-la cuire jusqu'à ce qu'elle soit dorée. Transférer sur une plaque à pâtisserie. Lorsque le minuteur s'arrête, retirez les jaunes et transférez-les sur le pain grillé. Garnir de pancetta et servir.

Surlonge épicé avec sauce papaye sucrée

Temps de préparation + cuisson : 2 heures 45 minutes | Portions : 4

Yoingrédients

¼ tasse de cassonade légère
1 cuillère à soupe de piment de la Jamaïque moulu
½ cuillère à café de poivre de Cayenne
¼ cuillère à café de cannelle moulue
¼ cuillère à café de clous de girofle moulus
Sel et poivre noir au goût
2 livres de filet de porc
2 cuillères à soupe d'huile de colza
2 papayes dénoyautées et pelées, hachées finement
¼ tasse de coriandre fraîche, hachée
1 poivron rouge dénoyauté, les tiges enlevées et finement hachées
3 cuillères à soupe d'oignon rouge finement haché
2 cuillères à soupe de jus de citron vert
1 petit piment jalapeño, dénoyauté et coupé en dés

Adresses

Préparez un bain-marie et placez-y le sous vide. Régler à 135 F. Incorporer le sucre, le piment de la Jamaïque, la cannelle, le poivre de Cayenne, les clous de girofle, le cumin, le sel et le poivre. Saupoudrer sur le filet.

Faites chauffer l'huile dans une poêle à feu moyen et faites revenir le filet mignon pendant 5 minutes. Transférer dans une assiette et laisser reposer 10 minutes. Placer dans un sac scellé sous vide. Libérez l'air en utilisant la méthode de déplacement d'eau, scellez et plongez le sac dans un bain-marie. Cuire 2 heures.

Lorsque le minuteur s'arrête, retirez le filet et laissez-le reposer 10 minutes. Coupez-les en tranches. Pour la vinaigrette, mélanger la papaye, la coriandre, le paprika, l'oignon, le jus de citron vert et le jalapeño. Servir le filet et verser la sauce dessus. Saupoudrer de sel et de poivre et servir.

Délicieuses pommes de terre et bacon aux oignons

Temps de préparation + cuisson : 1h50 | Portions : 6

Ingrédients

1 ½ livre de pommes de terre Russet, coupées en quartiers

½ tasse de bouillon de poulet

Sel et poivre noir au goût

4 onces de bacon, coupé en lanières épaisses

½ tasse d'oignon haché

1/3 tasse de vinaigre de cidre de pomme

4 oignons, tranchés finement

Adresses

Préparez un bain-marie et placez-y le sous vide. Régler à 186 F. Placer les pommes de terre dans un sac scellé sous vide. Assaisonnez avec du sel et du poivre. Libérez l'air en utilisant la méthode de déplacement d'eau, scellez et plongez le sac dans un bain-marie. Cuire 1 heure et 30 minutes. Une fois terminé, retirez les pommes de terre dans une assiette.

Faites chauffer une poêle à feu moyen et faites cuire les bacons pendant 5 minutes. Transférer sur une plaque à pâtisserie. Dans la même poêle, faites revenir l'oignon pendant 1 minute. Ajouter les pommes de terre, le bacon cuit et le vinaigre. Cuire jusqu'à ébullition. Ajouter les oignons et assaisonner de sel et de poivre.

morceaux de porc croustillants

Temps de préparation + cuisson : 1 heure 15 minutes | Portions : 3

Ingrédients

3 morceaux de longe de porc

Sel et poivre noir au goût

1 tasse de farine

1 cuillère à café de sauge

2 oeufs entiers

Enrober les boulettes de viande de chapelure de panko

Adresses

Préparez un bain-marie et placez-y le sous vide. Placer à 138 F. Couper le filet en tranches maigres. Assaisonner de sauge, sel et poivre. Placer dans un sac scellé sous vide. Libérez l'air en utilisant la méthode de déplacement d'eau, scellez et plongez le sac dans un bain-marie. Cuire 1 heure.

Lorsque le minuteur s'arrête, retirez les boulettes de viande et séchez-les. Tremper le filet dans la farine, puis dans l'œuf et enfin dans le panko râpé. Répétez le processus avec toutes les tranches. Faites chauffer l'huile dans une poêle à plus de 450 F et faites frire les boulettes de viande pendant 1 minute. Laisser refroidir et couper en tranches. Servir avec du riz et des légumes.

Escalopes de porc sucrées à la poire et à la carotte

Temps de préparation + cuisson : 4 heures 15 minutes | Portions : 2

Ingrédients

2 côtelettes de porc désossées

Sel et poivre noir au goût

10 feuilles de sauge

2 tasses de carottes râpées

1 poire, râpée

1 cuillère à soupe de vinaigre de cidre de pomme

1 cuillère à café d'huile d'olive

1 cuillère à café de miel

½ jus de citron

2 cuillères à soupe de persil frais haché

1 cuillère à soupe de beurre

Adresses

Assaisonnez les boulettes de viande avec du sel et du poivre. Déposez les feuilles de sauge sur les boulettes de viande et laissez reposer. Préparez un bain-marie et placez-y le sous vide. Régler à 134 F. Placer les boulettes de viande dans un sac scellé sous vide. Libérez l'air en utilisant la méthode de déplacement d'eau, scellez et plongez le sac dans un bain-marie. Cuire 2 heures.

Nouilles ramen au porc et aux champignons

Temps de préparation + cuisson : 24 heures 15 minutes | Portions : 2

Ingrédients

8 onces de nouilles ramen, cuites et égouttées

¾ livre d'épaule de porc

6 tasses de bouillon de poulet

1 tasse de champignons enoki

2 cuillères à café de sauce soja

2 gousses d'ail hachées

2 cuillères à café de gingembre moulu

2 cuillères à café d'huile de sésame

2 oignons émincés

Adresses

Préparez un bain-marie et placez-y le sous vide. Régler à 158 F. Placer le porc dans un sac scellé sous vide. Libérez l'air par la méthode de déplacement d'eau, fermez et plongez le sac dans le bain. Cuire pendant 24 heures.

Lorsque le minuteur s'arrête, retirez le porc et jetez-le. Ajouter le bouillon de poulet, la sauce soja, l'ail et les champignons dans une marmite. Faire bouillir pendant 10 minutes. Versez le bouillon sur les nouilles ramen et garnissez de porc. Arroser d'huile de sésame et garnir d'oignons nouveaux avant de servir.

Délicieux filet mignon avec sauce à l'avocat

Temps de préparation + cuisson : 2 heures 10 minutes | Portions : 3

Ingrédients

1 longe de porc
1 pot de beurre d'avocat
brins de romarin frais
Sel et poivre noir au goût

Adresses

Préparez un bain-marie et placez-y le sous vide. Régler à 146 F. Assaisonner le filet avec du sel et du poivre. Étalez un peu de beurre d'avocat et placez-le dans un sac sous vide. Ajoutez les brins de romarin. Libérez l'air en utilisant la méthode de déplacement d'eau, scellez et plongez le sac dans un bain-marie. Cuire 2 heures.

Lorsque le minuteur s'arrête, retirez le filet et séchez-le. Assaisonner de sel et de poivre, ajouter davantage de beurre d'avocat et cuire dans une poêle chaude. Trancher et servir.

Viande grillée à la coriandre et à l'ail

Temps de préparation + cuisson : 24 heures 30 minutes | Portions : 8

Ingrédients

4 cuillères à soupe d'huile d'olive

2 livres de bœuf

Sel et poivre noir au goût

1 cuillère à café de thym

1 cuillère à café de coriandre

1 tasse de sauce soja

½ tasse de jus de citron fraîchement pressé

½ tasse de jus d'orange fraîchement pressé

½ tasse de sauce Worcestershire

¼ tasse de moutarde jaune

3 gousses d'ail hachées

Adresses

Préparez un bain-marie et placez-y le sous vide. Régler à 141 F. Préparez le steak et attachez-le avec de la ficelle de boucher. Assaisonner avec du sel, du poivre, du thym et de la coriandre.

Placez une poêle en fonte sur feu vif. Pendant ce temps, badigeonnez le steak de 2 cuillères à soupe d'huile d'olive. Placer la viande dans la poêle et la saisir 1 minute de chaque côté. Mélangez la sauce Worcestershire, la moutarde, l'ail, la sauce soja, le jus de citron et d'orange dans un bol.

Poussez la viande dans un sac sous vide, mélangez-la avec la marinade préalablement préparée et fermez le sac en chassant l'eau. Faire bouillir au bain-marie pendant 24 heures.

Lorsque vous êtes prêt, ouvrez le sachet et versez le liquide dans une petite casserole. Cuire 10 minutes à feu vif jusqu'à ce qu'il atteigne la moitié du volume.

Ajoutez 2 cuillères à soupe d'huile d'olive et faites chauffer une poêle en fonte à feu vif. Placer délicatement la viande dans la poêle et saisir une minute de chaque côté. Retirez le steak de la poêle et laissez-le refroidir environ 5 minutes. Couper en tranches et verser la sauce dessus.

steak de faux-filet de bœuf

Temps de préparation + cuisson : 1 heure 40 minutes | Portions : 2

Ingrédients

1 cuillère à soupe de beurre

1 livre de faux-filet

Sel et poivre noir au goût

½ cuillère à café de poudre d'ail

½ cuillère à café de poudre d'oignon

½ cuillère à café de thym

Adresses

Préparez un bain-marie et placez-y le sous vide. Réglez-le à 134F.

Frottez les deux côtés de la viande avec du sel, du poivre, du thym, de l'oignon et de la poudre d'ail. Couper en morceaux dans un sac sous vide en ajoutant du beurre. Utilisez la méthode de déplacement d'eau pour sceller le sac et placez-le dans le bain-marie. Cuire 90 minutes.

Une fois terminé, versez le liquide de cuisson et retirez le steak du sac pour le sécher avec un torchon. Faites chauffer une poêle en fonte à feu vif. Faites cuire le steak 1 minute de chaque côté. Une fois terminé, laissez refroidir 5 minutes avant de trancher.

Steak traditionnel à la française

Temps de préparation + cuisson : 2 heures 25 minutes | Portions : 5

Ingrédients

4 cuillères à soupe de beurre

2 livres de filet

Sel et poivre noir au goût

1 échalote hachée

2 brins de sauge fraîche

1 brin de romarin frais

Adresses

Préparez un bain-marie et placez-y le sous vide. Réglez-le à 134F.

Faire fondre 2 cuillères à soupe de beurre dans une grande poêle en fonte à feu vif. Placer le surlonge dans la poêle et saisir chaque côté pendant 30 à 45 secondes. Mettez la viande de côté. Ajoutez les échalotes, la sauge et le romarin. Ajouter le beurre et les herbes. Cuire environ 1 à 2 minutes jusqu'à ce qu'ils soient vert vif et tendres.

Poussez le filet dans un sac sous vide, ajoutez les herbes prémélangées et fermez hermétiquement le sac en utilisant la méthode de déplacement d'eau. Cuire 2 heures.

Une fois cuit, retirez la viande et jetez le liquide de cuisson. Placer le filet sur une assiette ou une plaque à pâtisserie tapissée de papier absorbant.

Faites chauffer une poêle en fonte à feu vif et ajoutez 2 cuillères à soupe de beurre. Lorsque le beurre grésille, retournez le steak et faites-le cuire 2 minutes de chaque côté. Éteignez le feu et laissez le filet pendant environ 5 minutes. Enfin, coupez-le en petits morceaux. Il est recommandé de servir avec des légumes et des pommes de terre.

Filet de bœuf au chipotle et café.

Temps de préparation + cuisson : 1 heure 55 minutes | Portions : 4

Ingrédients

1 cuillère à soupe d'huile d'olive

2 cuillères à soupe de beurre

1 cuillère à soupe de sucre

Sel et poivre noir au goût

1 cuillère à soupe de café moulu

1 cuillère à soupe de poudre d'ail

1 cuillère à soupe de poudre d'oignon

1 cuillère à soupe de poudre de chipotle

4 contre-filet

Adresses

Préparez un bain-marie et placez-y le sous vide. Régler à 130 F. Dans un petit bol, mélanger la cassonade, le sel, le poivre, le marc de café, l'oignon, la poudre d'ail et le paprika. Placer le filet sur la surface préalablement nettoyée et graisser avec une fine couche d'huile d'olive. Placer les filets dans des sacs sous vide individuels. Scellez ensuite les sacs en utilisant la méthode de déplacement d'eau. Placez-les au bain-marie et laissez cuire 1h30.

Lorsque vous êtes prêt, retirez le filet et jetez le liquide. Disposez le filet sur une assiette recouverte d'un papier absorbant ou sur une plaque à pâtisserie. Faites chauffer une poêle en fonte à feu vif et ajoutez le beurre. Une fois le beurre pris, remettez le filet dans la poêle et faites-le cuire 1 minute de chaque côté. Laisser refroidir 2 à 3 minutes et servir coupé en tranches.

le steak grillé parfait

Temps de préparation + cuisson : 20 heures 20 minutes | Portions : 4

Ingrédients

4 cuillères à soupe d'huile de sésame

4 steaks tendres sur le grill

1 cuillère à café de poudre d'ail

1 cuillère à café de poudre d'oignon

1 cuillère à café de persil séché

Sel et poivre noir au goût

Adresses

Préparez un bain-marie et placez-y le sous vide. Réglez-le à 130F.

Faites chauffer l'huile de sésame dans une poêle à feu vif et faites revenir les filets 1 minute de chaque côté. Réservez et mettez au frais. Mélanger la poudre d'ail, la poudre d'oignon, le persil, le sel et le poivre.

Frottez le mélange sur le filet et mettez-le dans un sac sous vide. Libérez l'air en utilisant la méthode de déplacement d'eau, scellez et plongez le sac dans un bain-marie. Cuire pendant 20 heures. Lorsque le minuteur s'arrête, retirez les filets et séchez-les avec un torchon. Jetez les jus de cuisson.

Filet de boeuf au piment

Temps de préparation + cuisson : 3 heures 20 minutes | Portions : 4

Ingrédients

2 cuillères à soupe de ghee

2 ¼ livres de filet de bœuf

Sel et poivre noir au goût

1 cuillère à soupe d'huile de piment

2 cuillères à café de thym séché

1 cuillère à café de poudre d'ail

½ cuillère à café de poudre d'oignon

½ cuillère à café de poivre de Cayenne

Adresses

Préparez un bain-marie et placez-y le sous vide. Régler à 134 F. Assaisonner le filet avec du sel et du poivre. Mélangez l'huile de piment, le thym, la poudre d'ail, la poudre d'oignon et le poivre de Cayenne. Badigeonner le mélange sur le filet. Placer le filet dans un sac sous vide. Libérez l'air en utilisant la méthode de déplacement d'eau, scellez et plongez le sac dans un bain-marie. Cuire pendant 3 heures.

Lorsque le minuteur s'arrête, retirez le filet et séchez-le avec un torchon. Faites chauffer le ghee dans une poêle à feu vif et faites cuire le filet mignon 45 secondes de chaque côté. Réservez et laissez reposer 5 minutes. Trancher et servir.

Steak tamari aux œufs brouillés

Temps de préparation + cuisson : 1 heure 55 minutes | Portions : 4

Ingrédients

¼ tasse de lait

1 tasse de sauce tamari

½ tasse de cassonade

⅓ tasse d'huile d'olive

4 gousses d'ail, hachées

1 cuillère à café de poudre d'oignon

Sel et poivre noir au goût

2 ½ lb de bifteck de flanc

4 œufs

Adresses

Préparez un bain-marie et placez-y le sous vide. Régler à 130 F. Mélanger la sauce Tamari, la cassonade, l'huile d'olive, la poudre d'oignon, l'ail, le sel marin et le poivre. Placer le steak dans un sac sous vide avec le mélange. Libérez l'air en utilisant la méthode de déplacement d'eau, scellez et plongez le sac dans un bain-marie. Cuire 1 heure et 30 minutes.

Mélangez les œufs, le lait et le sel dans un bol. Bien mélanger. Battez les œufs dans une poêle à feu moyen. Reporter. Lorsque le minuteur s'arrête, retirez le steak et séchez-le. Faites chauffer une poêle à feu vif et faites cuire le steak 30 secondes de chaque côté. Couper en petites lanières. Servir avec des œufs brouillés.

Délicieuses boulettes de viande méditerranéennes

Temps de préparation + cuisson : 1 heure 55 minutes | Portions : 4

Ingrédients

1 livre de bœuf haché

½ tasse de chapelure

¼ tasse de lait

1 œuf battu

2 cuillères à soupe de basilic frais haché

1 gousse d'ail hachée

1 cuillère à café de sel

½ cuillère à café de basilic séché

1 cuillère à soupe d'huile de sésame

Adresses

Préparez un bain-marie et placez-y le sous vide. Régler à 141 F. Mélanger le bœuf, la chapelure, le lait, l'œuf, le basilic, l'ail, le sel et le basilic et former 14 à 16 boulettes de viande. Placer 6 boulettes de viande dans chaque sac refermable. Libérez l'air en utilisant la méthode de déplacement d'eau, scellez et plongez les sacs dans un bain-marie. Cuire 90 minutes. Faites chauffer l'huile dans une poêle à feu moyen. Lorsque le minuteur s'arrête, retirez les boulettes de viande, transférez-les dans la poêle et laissez cuire 4 à 5 minutes. Jetez les jus de cuisson. Participer.

Poivrons farcis

Temps de préparation + cuisson : 2 heures 35 minutes | Portions : 6

Ingrédients:

6 poivrons moyens

1 livre de bœuf haché maigre

1 oignon moyen, finement haché

1 tomate de taille moyenne, hachée

½ cuillère à café de poivre de Cayenne moulu

3 cuillères à soupe d'huile d'olive extra vierge

Sel et poivre noir au goût

Adresses :

Préparez un bain-marie, placez-y le sous vide et réglez-le à 180 F. Coupez l'extrémité de la tige de chaque poivron et retirez les graines. Laver et réserver.

Dans un grand bol, mélanger le bœuf haché, l'oignon, la tomate, le poivre de Cayenne, l'huile d'olive, le sel et le poivre. Versez le mélange de viande sur les poivrons.

Placez délicatement 1 ou 2 poivrons dans chaque sac sous vide et fermez le sac. Plongez les sachets au bain-marie et laissez cuire 1 heure et 20 minutes. Lorsque le minuteur s'arrête, retirez les sachets, ouvrez-les et laissez-les refroidir environ 10 minutes avant de servir.

Burgers de bœuf farcis à la française

Temps de préparation + cuisson : 50 minutes | Portions : 5

Ingrédients

1 oeuf

1 livre de bœuf haché

3 oignons verts hachés

2 cuillères à café de sauce Worcestershire

2 cuillères à café de sauce soja

Sel et poivre noir au goût

5 tranches de camembert

5 pains à hamburger

feuilles de laitue iceberg

5 tranches de tomates

Adresses

Préparez un bain-marie et placez-y le sous vide. Réglez à 134 F. Mélangez la viande, l'oignon, l'œuf et la sauce soja avec vos mains et assaisonnez de sel et de poivre. Façonnez le mélange en 8 galettes. Placez 1 morceau de fromage cheddar au centre de chaque galette et placez une autre galette sur le fromage cheddar. Bien mélanger pour former un gâteau.

Placez les cheeseburgers dans quatre sacs sous vide. Libérez l'air en utilisant la méthode de déplacement d'eau, scellez et plongez les sacs dans un bain-marie. Cuire 30 minutes.

Lorsque le minuteur s'arrête, retirez les scones et séchez-les avec un torchon. Jetez les jus de cuisson. Faites chauffer une poêle à feu vif et faites cuire les burgers 1 minute de chaque côté. Placez les burgers sur les toasts. Garnir de laitue et de tomates.

Délicieuse poitrine de bœuf fumée

Temps de préparation + cuisson : 33 heures 50 minutes | Portions : 8)

Ingrédients

¼ cuillère à café de fumée de caryer liquide

8 cuillères à soupe de miel

Sel et poivre noir au goût

1 cuillère à café de poudre de chili

1 cuillère à café de persil séché

1 cuillère à café de poudre d'ail

1 cuillère à café de poudre d'oignon

½ cuillère à café de cumin moulu

4 livres de poitrine de bœuf

Adresses

Préparez un bain-marie et placez-y le sous vide. Réglez-le à 156F.

Mélanger le miel, le sel, le poivre, la poudre de chili, le persil, l'oignon et la poudre d'ail et le cumin. On garde 1/4 du mélange. Étalez le mélange sur la poitrine.

Placez la poitrine dans un grand sac thermoscellable avec la fumée liquide. Libérez l'air en utilisant la méthode de déplacement d'eau, scellez et plongez le sac dans un bain-marie. Cuire pendant 30 heures. Lorsque le minuteur s'arrête, retirez le sachet et laissez-le refroidir pendant 1 heure.

Préchauffer le four à 300F.

Séchez la poitrine avec un torchon et arrosez-la de la sauce réservée. Jetez les jus de cuisson. Transférez la poitrine sur une plaque à pâtisserie, placez au four et faites cuire au four pendant 2 heures.

Une fois le temps écoulé, retirez la poitrine et couvrez-la de papier d'aluminium pendant 40 minutes. Servir avec des fèves au lard, du pain frais et du beurre.

Saucisse de Dijon et bœuf ketchup au curry

Temps de préparation + cuisson : 1 heure 45 minutes | Portions : 4

Ingrédients

½ tasse de moutarde de Dijon
4 saucisses de boeuf
½ tasse de sauce tomate au curry

Adresses

Préparez un bain-marie et placez-y le sous vide. Réglez-le à 134F.

Placer les saucisses dans un sac sous vide. Libérez l'air en utilisant la méthode de déplacement d'eau, scellez et plongez le sac dans un bain-marie. Cuire 90 minutes. Lorsque le minuteur s'arrête, retirez les saucisses et transférez-les sur un gril à feu vif. Cuire 1 à 3 minutes jusqu'à ce que des marques de gril apparaissent. Servir avec de la moutarde et du ketchup au curry.

Steak trois points à l'ail et au soja

Temps de préparation + cuisson : 2 heures 5 minutes | Portions : 2

Ingrédients:

1 ½ livre de steak à trois pointes
Sel et poivre noir au goût
2 cuillères à soupe de sauce soja
6 gousses d'ail, pré-rôties et hachées

Adresses :

Faites un bain-marie, mettez-le sous vide et réglez-le à 130 F. Assaisonnez le steak avec du poivre et du sel et mettez-le dans un sac sous vide. Ajouter la sauce soja. Libérez l'air en utilisant la méthode de déplacement d'eau et scellez le sac. Placer dans un bain-marie et régler la minuterie sur 2 heures.

Lorsque le chronomètre s'arrête, retirez et ouvrez le sac. Faites chauffer une poêle en fonte à feu vif, ajoutez le steak et faites cuire 2 minutes de chaque côté. Trancher et servir dans une salade.

Côtes levées de bœuf marinées à la coréenne frites

Temps de préparation + cuisson : 5 heures 20 minutes | Portions : 5

Ingrédients

2 cuillères à soupe d'huile de colza

3 livres de côtes de bœuf

Sel et poivre noir au goût

½ tasse de sucre

½ tasse de sauce soja

¼ tasse de vinaigre de cidre de pomme

¼ tasse de jus d'orange

2 cuillères à soupe d'ail émincé

1 cuillère à café de flocons de piment rouge

¼ tasse de ciboulette hachée

¼ tasse de graines de sésame

Adresses

Préparez un bain-marie et placez-y le sous vide. Ajuster à 141 F. Assaisonner les côtes levées avec du sel et du poivre. Mélanger la cassonade, la sauce soja, le vinaigre, le jus d'orange, l'huile de canola, l'ail et les flocons de piment rouge. Placer les côtes levées dans deux sacs sous vide avec la sauce à l'orange. Purger l'air en utilisant la méthode de déplacement d'eau. Réfrigérer 2 heures. Fermez les sacs et plongez-les dans un bain-marie. Cuire pendant 3 heures.

Tacos au steak et au chili des Caraïbes

Prêt en 2 heures 10 minutes environ | Portions : 4

Ingrédients

1 cuillère à soupe d'huile de colza

2 lb de bifteck de flanc

Sel et poivre noir au goût

1 cuillère à café de poudre d'ail

2 cuillères à café de jus de citron vert

1 zeste de citron vert

1 zeste et jus d'orange

1 cuillère à café de flocons de piment rouge

1 gousse d'ail hachée

1 cuillère à soupe de beurre

12 tortillas de maïs

1 tête de chou rouge hachée

Pico de gallo, pour servir

Crème sure, servir

4 poivrons serrano tranchés

Adresses

Préparez un bain-marie et placez-y le sous vide. Régler à 130 F. Assaisonner le steak avec du sel, du poivre et de la poudre d'ail.

Mélanger le jus et le zeste de citron vert, le jus et le zeste d'orange, les flocons de piment rouge et l'ail. Placer le steak et la sauce dans un sac refermable. Purger l'air en utilisant la méthode de déplacement d'eau. Réfrigérer 30 minutes. Fermez et plongez dans un bain-marie. Cuire 90 minutes.

Lorsque le minuteur s'arrête, retirez le steak et séchez-le avec des torchons. Faites chauffer l'huile et le beurre dans une poêle à feu vif et faites cuire le steak pendant 1 minute. Coupez le steak en tranches. Remplissez la tortilla de steak. Garnir de chou frisé, de pico de gallo, de crème sure et de serrano.

Délicieuses côtes levées avec sauce BBQ

Temps de préparation + cuisson : 12 heures 15 minutes | Portions : 6

Ingrédients

2 cuillères à soupe de beurre

1½ livre de côtes de bœuf

Sel et poivre noir au goût

3 cuillères à soupe d'huile de sésame grillé

1½ tasse de sauce barbecue

10 gousses d'ail, hachées

3 cuillères à soupe de vinaigre de champagne

2 cuillères à soupe de gingembre frais émincé

⅛ tasse de ciboulette hachée

⅛ tasse de graines de sésame

Adresses

Préparez un bain-marie et placez-y le sous vide. Régler à 186 F. Assaisonner les côtes levées avec du sel et du poivre. Faites chauffer l'huile de sésame dans une poêle à feu vif et saisissez chaque côte 1 minute de chaque côté. Mélanger la sauce BBQ, l'ail, le vinaigre et le gingembre. Placer trois côtes levées dans chaque sac thermoscellable avec la sauce BBQ. Libérez l'air en utilisant la méthode de déplacement d'eau, scellez et plongez le sac dans un bain-marie. Cuire pendant 12 heures.

Lorsque le minuteur s'arrête, retirez les côtes et séchez-les avec un torchon. Faites chauffer une casserole sur feu moyen et versez-y le jus de cuisson. Cuire 4 à 5 minutes jusqu'à tendreté. Faites chauffer le beurre dans une poêle à feu vif et faites cuire les côtes levées 1 minute de chaque côté. Garnir de sauce barbecue. Garnir de ciboulette et de graines de sésame.

Filet de bœuf épicé

Temps de préparation + cuisson : 1h50 | Portions : 6

Ingrédients

2 cuillères à soupe d'huile d'olive

3 livres de filet de bœuf, coupé en lanières

Sel et poivre noir au goût

2 cuillères à soupe de vinaigre de vin blanc

½ cuillère à soupe de jus de citron fraîchement pressé

1 cuillère à café de piment de la Jamaïque

½ cuillère à soupe de poudre d'ail

1 oignon haché

1 tomate hachée

2 gousses d'ail hachées

2 cuillères à soupe de sauce soja

4 tasses de quinoa cuit

Adresses

Préparez un bain-marie et placez-y le sous vide. Régler à 134 F. Assaisonner le filet avec du sel et du poivre. Mélangez soigneusement 1 cuillère à soupe d'huile d'olive, le vinaigre de vin blanc, le jus de citron, le piment de la Jamaïque et la poudre d'ail.

Enduisez le filet de marinade et placez-le dans un sac sous vide. Libérez l'air en utilisant la méthode de déplacement d'eau, scellez et plongez le sac dans un bain-marie. Cuire 1 heure et 30 minutes.

Pendant ce temps, faites chauffer l'huile d'olive dans une casserole à feu moyen et ajoutez l'oignon, la tomate, l'ail et la sauce soja. Cuire 5 minutes jusqu'à ce que la tomate commence à ramollir. Reporter.

Lorsque le minuteur s'arrête, retirez le filet et séchez-le avec un torchon. Réservez le jus de cuisson. Faites chauffer une poêle à feu vif et laissez cuire 1 à 2 minutes.

Mélangez le jus de cuisson avec le mélange de tomates. Cuire 4 à 5 minutes jusqu'à ébullition. Ajoutez le filet et remuez encore 2 minutes. Servir avec du quinoa.

Steak de jupe Herby's

Temps de préparation + cuisson : 3 heures 20 minutes | Portions : 6

Ingrédients

2 cuillères à soupe de beurre

3 lb de bifteck de flanc

2 cuillères à soupe d'huile extra vierge

1½ cuillères à café de poudre d'ail

Sel et poivre noir au goût

¼ cuillère à café de poudre d'oignon

¼ cuillère à café de poivre de Cayenne

¼ cuillère à café de persil séché

¼ cuillère à café de sauge séchée

¼ cuillère à café de romarin séché haché

Adresses

Préparez un bain-marie et placez-y le sous vide. Régler à 134 F. Badigeonner le steak d'huile d'olive.

Mélanger la poudre d'ail, le sel, le poivre, la poudre d'oignon, le poivre de Cayenne, le persil, la sauge et le romarin. Frottez le steak avec le mélange.

Placez le steak dans un grand sac refermable. Libérez l'air en utilisant la méthode de déplacement d'eau, scellez et plongez le sac dans un bain-marie. Cuire pendant 3 heures.

Lorsque le minuteur s'arrête, retirez le steak et séchez-le avec un torchon. Faites chauffer le beurre dans une poêle à feu vif et faites revenir le filet 2-3 minutes de tous les côtés. Laisser reposer 5 minutes et trancher pour servir.

boulettes de viande au chili

Temps de préparation + cuisson : 55 minutes | Portions : 3

Ingrédients:

1 livre de bœuf haché maigre

2 cuillères à soupe de farine tout usage

¼ tasse de lait

½ cuillère à café de poivre noir fraîchement moulu

¼ cuillère à café de piment

3 gousses d'ail hachées

1 cuillère à café d'huile d'olive

1 cuillère à café de sel

½ tasse de feuilles de céleri finement hachées

Adresses :

Préparez un bain-marie, placez-y le sous vide et réglez-le à 136F.

Dans un grand bol, mélanger le bœuf haché avec la farine, le lait, le poivre noir, le piment, l'ail, le sel et le céleri. Mélanger à la main jusqu'à ce que tous les ingrédients soient bien combinés. Formez des bouchées et placez-les dans un grand sac sous vide en une seule couche.

Plongez le sac scellé dans un bain-marie et faites bouillir pendant 50 minutes. Retirez les boulettes de viande du sac et séchez-les. Faites revenir les boulettes de viande dans une poêle à feu moyen avec de l'huile d'olive en les faisant dorer de tous les côtés.

Rôti de côtes à la tomate et au jalapeño

Temps de préparation + cuisson : 1 heure 40 minutes | Portions : 4

Ingrédients:

3 livres de côtes levées de bœuf, coupées en 2 morceaux
Sel et poivre noir au goût
½ tasse de mélange de tomates jalapeno
½ tasse de sauce barbecue

Adresses :

Faites un bain-marie, mettez le sous vide et réglez à 140 F. Assaisonnez les côtes levées avec du sel et du poivre. Placer dans un sac scellé sous vide, libérer l'air et sceller hermétiquement. Placer dans un bain-marie et régler la durée sur 1 heure. Lorsque le chronomètre s'arrête, ouvrez le sac. Mélangez le reste des ingrédients. Laisser refroidir 30 minutes.

Pendant ce temps, faites chauffer le gril à feu moyen. Badigeonner les côtes de sauce jalapeño et placer sur le gril. Cuire 2 minutes de chaque côté.

Boulettes de viande grecques avec sauce au yaourt

Temps de préparation + cuisson : 1 heure 10 minutes | Portions : 4

Ingrédients:

1 livre de bœuf haché maigre
¼ tasse de chapelure
1 gros oeuf, battu
2 cuillères à café de persil frais
sel de mer et poivre noir au goût
3 cuillères à soupe d'huile d'olive extra vierge

sauce yaourt:
6 onces de yaourt grec
1 cuillère à soupe d'huile d'olive extra vierge
aneth frais
Jus de citron d'1 citron
1 gousse d'ail hachée
Sel au goût

Adresses :

Commencez par préparer la sauce au yaourt. Mélanger tous les ingrédients de la sauce dans un bol moyen, couvrir et réfrigérer pendant 1 heure.

Préparez maintenant un bain-marie, placez-y le Sous Vide et réglez-le à 141 F. Placez la viande dans un grand bol. Ajoutez l'œuf battu, la chapelure, le persil frais, le sel et le poivre. Mélangez bien les ingrédients. Formez des bouchées et placez-les dans un grand sac sous vide en une seule couche. Fermez le sachet et faites cuire au bain-marie pendant 1 heure. À l'aide d'une écumoire, retirer délicatement du sac et jeter le liquide de cuisson.

Faites revenir les boulettes de viande dans une poêle à feu moyen avec de l'huile d'olive jusqu'à ce qu'elles soient dorées, 2-3 minutes de chaque côté. Garnir de sauce au yaourt et servir.

Filet mignon au piment

Temps de préparation + cuisson : 2 heures 45 minutes | Portions : 5

Ingrédients

2 cuillères à soupe de miel

3 livres de filet

2 cuillères à soupe d'huile d'olive

Sel et poivre noir au goût

2 cuillères à soupe de poudre d'oignon

2 cuillères à soupe de poudre d'ail

1 cuillère à soupe de paprika

2 cuillères à café de poudre de chili serrano fumé

1 cuillère à café de sauge séchée

1 cuillère à café de muscade

1 cuillère à café de cumin moulu

2 cuillères à soupe de beurre

Adresses

Préparez un bain-marie et placez-y le sous vide. Régler à 130 F. Badigeonner le filet d'huile d'olive.

Mélanger le sel, le poivre, le miel, la poudre d'oignon, la poudre d'ail, le paprika fumé, la poudre de piment serrano fumé, la sauge, la muscade et le cumin. Frottez le mélange sur le filet.

Placer dans un grand sac scellé sous vide. Libérez l'air en utilisant la méthode de déplacement d'eau, scellez et plongez le sac dans un bain-marie. Cuire 2 heures et 30 minutes.

Lorsque le minuteur s'arrête, retirez le steak et séchez-le avec un torchon. Faites chauffer le beurre dans une poêle à feu vif et saisissez le steak 2 à 3 minutes de tous les côtés. Laisser reposer 5 minutes et trancher pour servir.

Poitrine de bœuf grillée

Temps de préparation + cuisson : 48 heures 15 minutes | Portions : 8

Ingrédients:

1 ½ livre de poitrine de bœuf
Sel et poivre noir au goût
1 cuillère à soupe d'huile d'olive
1 cuillère à soupe de poudre d'ail

Adresses :

Préparez un bain-marie et placez-y le sous vide. Régler à 150 F. Frotter la viande avec du sel, du poivre et de la poudre d'ail et placer dans un sac sous vide refermable. Purger l'air en utilisant la méthode de déplacement d'eau, sceller et plonger dans un bain-marie. Réglez la minuterie sur 48 heures. Au bout de 2 jours, faites chauffer l'huile d'olive dans une poêle à feu moyen. Retirez la viande du sac et saisissez-la de tous les côtés.

Steaks de surlonge avec sauce à la crème de champignons

Temps de préparation + cuisson : 1h20 | Portions : 3

Ingrédients :

3 (6 onces) steaks de surlonge désossés

Sel et poivre noir au goût

4 cuillères à café de beurre non salé

1 cuillère à soupe d'huile d'olive

6 onces de cèpes, coupés en quartiers

2 grosses échalotes, hachées

2 gousses d'ail hachées

½ tasse de bouillon de bœuf

½ tasse de crème épaisse

2 cuillères à café de sauce moutarde

Oignons verts émincés pour la garniture

Adresses :

Préparez un bain-marie, placez-y le sous vide et réglez-le à 135 °F. Assaisonnez la viande avec du poivre et du sel et placez-la dans 3 sacs séparés sous vide. Ajoutez 1 cuillère à café de beurre dans chaque sac. Libérez l'air en utilisant la méthode de déplacement d'eau, scellez et plongez le sac dans un bain-marie. Réglez pendant 45 minutes.

Dix minutes avant la fin du minuteur, faites chauffer l'huile et le reste du beurre dans une poêle à feu moyen. Lorsque le chronomètre s'arrête, retirez et ouvrez le sac. Retirez la viande, séchez-la et placez-la dans la poêle. Réservez le jus dans des sacs. Faire frire de chaque côté pendant 1 minute et transférer sur une planche à découper. Couper et réserver.

Ajoutez les échalotes et les champignons dans la même poêle. Cuire 10 minutes et ajouter l'ail. Cuire 1 minute. Ajouter le bouillon et les jus réservés. Cuire à feu doux pendant 3 minutes. Ajouter la crème épaisse, porter à ébullition à feu vif et réduire le feu à doux après 5 minutes. Éteignez le feu et versez la sauce moutarde. Disposer le filet sur une assiette, napper de sauce aux champignons et garnir d'oignons.

Côte de bœuf en croûte d'herbes de céleri

Temps de préparation + cuisson : 5 heures 15 minutes | Portions : 3

Ingrédients:

1 ½ livre de faux-filet, désossé

Sel et poivre noir au goût

½ cuillère à café de poivre rose

½ cuillère à soupe de graines de céleri séchées

1 cuillère à soupe de poudre d'ail

2 brins de romarin hachés

2 tasses de bouillon de boeuf

1 blanc d'oeuf

Adresses :

Frotter la viande avec du sel et laisser mariner 1 heure. Faites un bain-marie, placez-le sous vide et réglez à 130 F. Placez le bœuf dans un sac scellé sous vide, expulsez l'air en utilisant la méthode de déplacement d'eau et scellez le sac. Plongez le sac dans le bain-marie. Réglez la minuterie sur 4 heures et faites cuire. Une fois terminé, retirez la viande et séchez-la; repousser

Mélanger la poudre de poivre noir, la poudre de poivre rose, les graines de céleri, la poudre d'ail et le romarin. Badigeonner la viande de dorure à l'œuf. Trempez la viande dans le mélange de graines de céleri pour bien l'enrober. Disposez sur une plaque à pâtisserie et faites cuire au four pendant 15 minutes. Retirer et laisser refroidir sur une planche à découper.

Tranchez délicatement la viande près de l'os. Versez le liquide dans un sac sous vide et le bouillon de bœuf dans une casserole et portez à ébullition sur feu moyen. Jetez toute graisse ou tout solide flottant. Disposez les tranches de viande dans une assiette et arrosez de sauce. Servir avec des légumes verts cuits à la vapeur.

Steak de boeuf aux échalotes et persil

Temps de préparation + cuisson : 1 heure 15 minutes | Portions : 4

Ingrédients:

2 livres de filet de bœuf, tranché
2 cuillères à soupe de moutarde de Dijon
3 cuillères à soupe d'huile d'olive
1 cuillère à soupe de feuilles de persil frais finement hachées
1 cuillère à café de romarin frais, finement haché
1 cuillère à soupe d'échalotes finement hachées
½ cuillère à café de thym séché
1 gousse d'ail, hachée

Adresses :

Préparez un bain-marie et placez-y le sous vide. Réglez-le à 136F.

Dans un petit bol, mélanger la moutarde de Dijon, l'huile d'olive, le persil, le romarin, les échalotes, le thym et l'ail. Frottez la viande avec ce mélange et placez-la dans un sac sous vide. Libérez l'air en utilisant la méthode de déplacement d'eau, scellez et plongez le sac dans un bain-marie. Réglez la minuterie sur 1 heure. Servir avec de la salade.

Steak de barbecue râpé

Temps de préparation + cuisson : 14 heures 20 minutes | Portions : 3

Ingrédients:

1 livre de rôti de bœuf
2 cuillères à soupe d'assaisonnement pour barbecue

Adresses :

Faites un bain-marie, mettez le sous vide et réglez-le à 165F.

Faites chauffer le gril. Séchez la viande avec une serviette en papier et frottez-la avec l'assaisonnement pour steak. Laisser reposer 15 minutes. Mettez la viande dans un sac sous vide, éliminez l'air par déplacement d'eau et fermez le sac.

Tremper dans un bain-marie. Réglez la minuterie sur 14 heures et faites cuire. Lorsque le chronomètre s'arrête, retirez le sac et ouvrez-le. Retirez la viande et hachez-la. Participer.

corned-beef nature

Temps de préparation + cuisson : 5 heures 10 minutes | Portions : 4

Ingrédients:

15 onces de poitrine de bœuf

1 cuillère à soupe de sel

¼ tasse de bouillon de bœuf

1 cuillère à café de paprika

1 tasse de bière

2 oignons émincés

½ cuillère à café d'origan

1 cuillère à café de poivre de Cayenne

Adresses :

Préparez un bain-marie et placez-y le sous vide. Placer à 138 F. Couper la viande en 4 morceaux. Placer dans des sachets individuels sous vide. Fouetter la bière, le bouillon et les épices dans un bol. Ajoutez les oignons. Répartissez le mélange entre les sacs.

Libérez l'air en utilisant la méthode de déplacement d'eau, scellez et plongez le sac dans un bain-marie. Réglez la minuterie sur 5 heures. Lorsque le chronomètre s'arrête, retirez le sac et placez-le sur une assiette.

Longe de tomates rôties sur le feu

Temps de préparation + cuisson : 2 heures 8 minutes | Portions : 4

Ingrédients:

2 livres de filet de bœuf coupé au centre, 1 pouce d'épaisseur
1 tasse de tomates rôties sur le feu, hachées
Sel et poivre noir au goût
3 cuillères à soupe d'huile d'olive extra vierge
2 feuilles de laurier entières
3 cuillères à soupe de beurre non salé

Adresses :

Préparez un bain-marie, placez-y le sous vide et réglez-le à 136 F. Rincez bien la viande sous l'eau courante et séchez-la avec du papier absorbant. Bien frotter avec de l'huile d'olive et assaisonner généreusement de sel et de poivre. Placer dans un grand sac sous vide avec les tomates rôties à la flamme et deux feuilles de laurier. Fermez le sachet, plongez au bain-marie et laissez cuire 2 heures.

Une fois terminé, retirez les sachets, placez la viande sur une plaque à pâtisserie. Jetez le liquide de cuisson. Faire fondre le beurre dans une grande poêle à feu moyen. Ajouter le filet et cuire 2 minutes de chaque côté. Servir avec votre sauce et vos légumes préférés.

Filet mignon à la purée de navet

Temps de préparation + cuisson : 1h20 | Portions : 4

Ingrédients:

4 steaks de surlonge

2 livres de navets, coupés en dés

Sel et poivre noir au goût

4 cuillères à soupe de beurre

huile d'olive pour la friture

Adresses :

Faire un bain-marie, placer sous vide et régler à 128 F. Assaisonner les filets avec du poivre et du sel et placer dans un sac scellé sous vide. Libérez l'air en utilisant la méthode de déplacement d'eau, scellez et plongez le sac dans un bain-marie. Réglez la minuterie sur 1 heure.

Ajouter les navets à l'eau bouillante et cuire jusqu'à ce qu'ils soient tendres, environ 10 minutes. Égouttez les cordes et placez-les dans un bol. Ajoutez le beurre et écrasez-les. Assaisonner de poivre et de sel.

Lorsque le chronomètre s'arrête, retirez et ouvrez les sacs. Retirez les filets du sac et séchez-les. Assaisonner selon l'envie.

Faire revenir les filets dans une poêle avec de l'huile à feu moyen pendant environ 2 minutes de chaque côté. Servir les steaks avec de la purée de navets.

Bavette aux tomates frites

Temps de préparation + cuisson : 3 heures 30 minutes | Portions : 3

Ingrédients:

1 livre de steak de flanc

4 cuillères à soupe d'huile d'olive, divisées en deux

1 cuillère à soupe + 1 cuillère à café d'assaisonnement italien

Sel et poivre noir au goût

4 gousses d'ail, 2 gousses émincées + 2 gousses entières

1 tasse de tomates cerises

1 cuillère à soupe de vinaigre balsamique

3 cuillères à soupe de parmesan râpé

Adresses :

Préparez un bain-marie, placez-y le Sous Vide et réglez-le à 129 F. Placez le steak dans un sac scellé sous vide. Ajouter la moitié de l'huile d'olive, l'assaisonnement italien, le poivre noir, le sel, l'ail écrasé et frotter doucement.

Libérez l'air en utilisant la méthode de déplacement d'eau et scellez le sac. Tremper dans un bain-marie. Réglez la minuterie sur 3 heures et laissez cuire 10 minutes. Pendant que la minuterie s'arrête, préchauffez le four à 400 F.

Dans un bol, mélanger les tomates avec le reste des ingrédients, sauf le parmesan. Verser dans un plat allant au four et enfourner sur la grille la plus éloignée du feu. Cuire au four pendant 15 minutes.

Lorsque le minuteur s'arrête, retirez le sac, ouvrez-le et retirez le steak. Transférer sur une surface plane et saisir les deux côtés avec un chalumeau jusqu'à ce qu'ils soient dorés. Laisser refroidir et couper en fines tranches. Servir le steak avec des tomates rôties. Garnir de parmesan.

Filet de boeuf à la poire

Temps de préparation + cuisson : 3 heures 10 minutes | Portions : 3

Ingrédients:

3 steaks de filet de bœuf (6 onces)
2 cuillères à soupe d'huile d'olive
4 cuillères à soupe de beurre non salé
4 gousses d'ail, hachées
4 brins de thym frais

Adresses :

Faire un bain-marie, placer sous vide et régler à 135 F. Assaisonner la viande avec du sel et placer dans 3 sacs scellés sous vide. Libérez l'air en utilisant la méthode de déplacement d'eau et scellez les sacs. Tremper dans un bain-marie. Réglez la minuterie sur 3 heures et faites cuire.

Lorsque le minuteur s'arrête, retirez la viande, égouttez-la et assaisonnez de poivre et de sel. Faites chauffer l'huile dans une poêle à feu moyen jusqu'à ce qu'elle commence à fumer. Ajouter le filet, le beurre, l'ail et le thym. Faire frire 3 minutes de chaque côté. Arroser d'un peu plus de beurre pendant la cuisson. Coupez le filet en tranches désirées.

Épaule de veau aux champignons

Temps de préparation + cuisson : 6 heures 15 minutes | Portions : 3

Ingrédients:

1 livre d'épaule de bœuf

1 carotte moyenne, tranchée

1 gros oignon haché

¾ tasse de champignons, tranchés

1 tasse de bouillon de boeuf

2 cuillères à soupe d'huile d'olive

4 gousses d'ail finement hachées

Sel et poivre noir au goût

Adresses :

Préparez un bain-marie et placez-y le sous vide. Régler à 136 F. Placer le filet de bœuf dans un grand sac refermable avec les tranches de carottes et la moitié du bouillon. Plongez le sac scellé dans un bain-marie et faites bouillir pendant 6 heures. Lorsque le minuteur s'arrête, retirez la viande du sac et séchez-la.

Faites chauffer l'huile d'olive dans une casserole et ajoutez l'oignon et l'ail. Faire sauter jusqu'à ce qu'il soit translucide, 3-4 minutes. Ajouter l'épaule de bœuf, le reste du bouillon, 2 tasses d'eau, les champignons, le sel et le poivre. Porter à ébullition et réduire le feu à doux. Cuire encore 5 minutes en remuant constamment.

Champignons farcis aux tomates

Temps de préparation + cuisson : 60 minutes | Portions : 4

Ingrédients:

2 livres de champignons cremini

1 poivron jaune, haché finement

2 tomates moyennes, pelées et hachées finement

2 oignons, finement hachés

1 ¾ tasse de bœuf haché maigre

3 cuillères à soupe d'huile d'olive

Sel et poivre noir au goût

Adresses :

Préparez un bain-marie et placez-y le sous vide. Régler à 131 F. Cuire les champignons et le bouillon à la vapeur. Hachez les pieds des champignons. Faites chauffer 2 cuillères à soupe d'huile d'olive dans une grande poêle. Ajouter les oignons et faire revenir 1 minute.

Ajoutez maintenant le bœuf haché et faites revenir encore quelques minutes en remuant constamment. Ajoutez les pieds de champignons, les tomates, le paprika, le sel et le poivre noir et continuez à faire sauter encore 3 minutes.

Placez les chapeaux de champignons sur un plan de travail propre et vaporisez le reste de l'huile. Ajoutez le mélange de viande sur chaque couvercle et placez-le dans un grand sac sous vide en une seule couche. Libérez l'air en utilisant la méthode de déplacement d'eau, scellez et plongez le sac dans un bain-marie. Réglez la minuterie sur 50 minutes.

Lorsque le chronomètre s'arrête, retirez les champignons du sac. Transférer à une assiette de service. Versez le jus de champignon restant dans le sac. Servir avec de la salade.

Ragoût de boeuf classique

Temps de préparation + cuisson : 3 heures 15 minutes | Portions : 4

Ingrédients:

1 livre de cou de bœuf, coupé en petits morceaux

½ grosse aubergine, tranchée

1 tasse de tomates rôties au feu

1 tasse de bouillon de boeuf

½ tasse de bordeaux

¼ tasse d'huile végétale

5 grains de poivre, entiers

2 cuillères à soupe de beurre non salé

1 feuille de laurier, entière

1 cuillère à soupe de concentré de tomate

½ cuillère à café de poivre de Cayenne

¼ cuillère à café de piment (facultatif)

1 cuillère à café de sel

persil frais pour la garniture

Adresses :

Préparez un bain-marie et placez-y le sous vide. Régler à 135 F. Rincer la viande sous l'eau froide courante. Séchez avec du papier absorbant et placez-le sur une surface de travail propre. Couper en petits morceaux avec un couteau bien aiguisé.

Dans un grand bol, mélangez le Bordeaux avec l'huile, les grains de poivre, les feuilles de laurier, le poivre de Cayenne, le piment et le sel. Tremper la viande dans ce mélange et réfrigérer 2 heures. Retirez la viande de la marinade et séchez-la avec du papier absorbant. Réservez le liquide. Placer dans un grand sac scellé sous vide. Scellez le sac.

Plongez le sac scellé dans un bain-marie et faites bouillir pendant 1 heure. Retirer du bain-marie, jeter la feuille de laurier et transférer dans une casserole profonde à fond épais. Ajouter le beurre et faire fondre doucement à feu moyen. Ajouter les aubergines, les tomates et ¼ tasse de marinade. Cuire encore 5 minutes en remuant constamment. Goûtez, rectifiez l'assaisonnement et servez garni de persil frais haché.

hamburgers à l'ail

Temps de préparation + cuisson : 70 minutes | Portions : 4

Ingrédients:

1 livre de bœuf haché maigre

3 gousses d'ail hachées

2 cuillères à soupe de chapelure

3 oeufs battus

4 pains à hamburger

4 feuilles de laitue croustillantes

4 tranches de tomates

¼ tasse de lentilles trempées

¼ tasse d'huile, divisée en deux

1 cuillère à soupe de coriandre finement hachée

Sel et poivre noir au goût

Adresses :

Préparez un bain-marie, placez-y le Sous Vide et réglez-le à 139F.

Pendant ce temps, mélangez les lentilles avec la viande, l'ail, la coriandre, la chapelure, les œufs et trois cuillères à soupe d'huile dans un bol. Assaisonner avec du sel et du poivre noir. Façonner des galettes avec les mains et les déposer sur un plan de travail légèrement fariné. Placez soigneusement chaque galette dans un sac scellé sous vide et fermez hermétiquement. Plonger dans un bain-marie et cuire 1 heure.

Lorsque le minuteur s'arrête, retirez délicatement les brownies du sac et séchez-les avec une serviette en papier. Reporter. Faites chauffer le reste de l'huile dans une grande poêle. Grillez les burgers 2 à 3 minutes de chaque côté pour une finition plus croustillante. Arrosez les hamburgers de votre sauce préférée et transférez-les sur les petits pains. Garnir de laitue et de tomate et servir immédiatement.

ragoût de boeuf haché

Temps de préparation + cuisson : 60 minutes | Portions : 3

Ingrédients:

4 aubergines moyennes, coupées en deux
½ tasse de bœuf haché maigre
2 tomates moyennes, hachées
¼ tasse d'huile d'olive extra vierge
2 cuillères à soupe d'amandes grillées finement hachées
1 cuillère à soupe de feuilles de céleri fraîches finement hachées
Sel et poivre noir au goût
1 cuillère à café de thym

Adresses :

Préparez un bain-marie et placez-y le sous vide. Réglez à 180 F. Coupez les aubergines en deux dans le sens de la longueur. Retirez la viande et transférez-la dans un bol. Saupoudrer généreusement de sel et laisser reposer dix minutes.

Faites chauffer 3 cuillères à soupe d'huile à feu moyen. Faites frire brièvement les aubergines pendant 3 minutes de chaque côté et retirez-les de la poêle. Utilisez du papier absorbant pour absorber l'excès d'huile. Reporter.

Ajoutez le bœuf haché dans la même poêle. Laisser mijoter 5 minutes, ajouter les tomates et laisser mijoter jusqu'à ce que les tomates soient tendres. Ajoutez les aubergines, les amandes et les feuilles de céleri et laissez cuire 5 minutes. Éteignez le feu et ajoutez le thym.

Transférez le tout dans un grand sac scellé sous vide. Libérez l'air en utilisant la méthode de déplacement d'eau, scellez et plongez le sac dans un bain-marie. Réglez la minuterie sur 40 minutes.

Lorsque le minuteur s'arrête, retirez le sac et versez le contenu dans un grand bol. Goûtez et rectifiez l'assaisonnement. Servir garni de persil si désiré.

Filet de boeuf à la sauce tomate

Temps de préparation + cuisson : 2 heures 5 minutes | Portions : 3

Ingrédients:

1 livre de médaillons de filet de bœuf

1 tasse de tomates rôties au feu

1 cuillère à café de sauce au piment fort

3 gousses d'ail hachées

2 cuillères à café de piment

2 cuillères à café de poudre d'ail

2 cuillères à café de jus de citron vert frais

1 feuille de laurier

2 cuillères à café d'huile végétale

Sel et poivre noir au goût

Adresses :

Préparez un bain-marie, placez-y le Sous Vide et réglez-le à 129 F. Assaisonnez la viande avec du sel et du poivre noir.

Dans un bol, mélangez les tomates rôties à la flamme avec la sauce chili, l'ail écrasé, le piment, la poudre d'ail et le jus de citron vert. Ajouter le filet au mélange et remuer pour enrober. Placer dans un sac scellé sous vide en une seule couche et sceller. Plonger dans un bain-marie et cuire 2 heures.

Lorsque le chronomètre s'arrête, retirez les médaillons et séchez-les. Jetez la feuille de laurier. Réservez le jus de cuisson. Faire revenir dans une poêle très chaude pendant environ 1 minute. Servir avec de la sauce et de la purée de pommes de terre.

Veau aux oignons

Temps de préparation + cuisson : 1 heure 15 minutes | Portions : 3

Ingrédients:

¾ tasse de bœuf maigre, coupé en petits morceaux

2 gros oignons, pelés et finement hachés

¼ tasse d'eau

3 cuillères à soupe de moutarde

1 cuillère à café de sauce soja

1 cuillère à café de thym séché

2 cuillères à soupe d'huile végétale

2 cuillères à soupe d'huile de sésame

Adresses :

Préparez un bain-marie et placez-y le sous vide. Régler à 136 F. Rincer la viande et la sécher avec du papier absorbant. Badigeonner la viande de moutarde et saupoudrer de thym séché.

Placer dans un sac sous vide avec la sauce soja, les oignons hachés et l'huile de sésame. Scellez le sac. et plonger dans le bain et faire bouillir pendant 1 heure. Retirer du bain-marie. Séchez la viande avec une serviette en papier et réservez.

Faites chauffer l'huile végétale dans une grande poêle à feu moyen. Ajoutez les morceaux de bœuf et faites revenir 5 minutes en remuant constamment. Retirer du feu et servir.

côtes levées à l'ail

Temps de préparation + cuisson : 10 heures 15 minutes | Portions : 8

Ingrédients:

3 lb de côte de bœuf, parée

1 branche de romarin

1 brin de thym

Sel et poivre noir au goût

6 gousses d'ail

1 cuillère à soupe d'huile d'olive

Adresses :

Préparez un bain-marie et placez-y le sous vide. Réglez à 140 F. Assaisonnez la côte de bœuf avec du sel et du poivre et placez-la dans un sac sous vide avec le thym et le romarin. Libérez l'air en utilisant la méthode de déplacement d'eau, scellez et plongez le sac dans un bain-marie. Réglez la minuterie sur 10 heures.

Lorsque le chronomètre s'arrête, retirez le sac. Écrasez les gousses d'ail pour former une pâte, étalez la pâte sur la viande. Faites chauffer l'huile d'olive dans une poêle et saisissez la viande de tous les côtés pendant quelques minutes.

Steak de boeuf aux mini carottes

Temps de préparation + cuisson : 2 heures 15 minutes | Portions : 5

Ingrédients:

2 livres de filet de bœuf

7 mini carottes, coupées en tranches

1 oignon haché

1 tasse de concentré de tomate

2 cuillères à soupe d'huile végétale

2 cuillères à soupe de persil frais, finement haché

Sel et poivre noir au goût

Adresses :

Préparez un bain-marie et placez-y le sous vide. Réglez à 133 F. Rincez la viande et séchez-la avec du papier absorbant. Coupez-le en petits morceaux avec un couteau bien aiguisé et assaisonnez de sel et de poivre.

Faites revenir la viande dans l'huile à feu moyen dans une poêle, faites-la revenir uniformément pendant 5 minutes.

Ajoutez maintenant les carottes et l'oignon hachés dans la poêle et faites cuire jusqu'à ce qu'ils soient tendres, environ 2 minutes. Ajouter le concentré de tomate, le sel et le poivre. Ajoutez ½ tasse d'eau.

Retirer du feu et transférer dans un grand sac thermoscellable en une seule couche. Libérez l'air en utilisant la méthode de déplacement d'eau, scellez et plongez le sac dans un bain-marie. Réglez la minuterie sur 2 heures. Retirez le sac du bain et transférez le contenu dans une assiette de service. Servir garni de persil frais.

Côtes de boeuf au vin rouge

Temps de préparation + cuisson : 6 heures 15 minutes | Portions : 3

Ingrédients:

1 livre de côtes de bœuf

¼ tasse de vin rouge

1 cuillère à café de miel

½ tasse de concentré de tomate

2 cuillères à soupe d'huile d'olive

½ tasse de bouillon de bœuf

¼ tasse de vinaigre de cidre de pomme

1 gousse d'ail hachée

1 cuillère à café de paprika

Sel et poivre noir au goût

Adresses :

Préparez un bain-marie et placez-y le sous vide. Régler à 140 F. Rincez et séchez les côtes. Assaisonner avec du sel, du poivre et du paprika. Placer dans un sac scellé sous vide en une seule couche avec le vin, la pâte de tomate, le bouillon de bœuf, le miel et le cidre de pomme. Libérez l'air en utilisant la méthode de déplacement d'eau, scellez et plongez le sac dans un bain-marie.

Réglez la minuterie sur 6 heures. Séchez les côtes. Jetez le liquide de cuisson.

Faites chauffer l'huile d'olive dans une grande poêle à feu moyen. Ajouter l'ail et faire revenir jusqu'à ce qu'il soit transparent. Ajouter les côtes levées et cuire 5 minutes de chaque côté.

Boeuf au poivre

Temps de préparation + cuisson : 6 heures 10 minutes | Portions : 2

Ingrédients:

1 livre de filet de bœuf, coupé en petits morceaux
1 gros oignon finement haché
1 cuillère à soupe de beurre fondu
1 cuillère à soupe de persil frais finement haché
1 cuillère à café de thym séché, moulu
1 cuillère à soupe de jus de citron fraîchement pressé
1 cuillère à soupe de concentré de tomate
Sel et poivre noir au goût

Adresses :

Préparez un bain-marie et placez-y le sous vide. Régler à 158 F. Mélanger tous les ingrédients sauf le persil dans un grand sac scellé sous vide jusqu'à ce que le tout soit bien mélangé. Libérez l'air en utilisant la méthode de déplacement d'eau, scellez et plongez le sac dans un bain-marie. Réglez la minuterie sur 6 heures.

Lorsque le minuteur s'arrête, retirez-le du bain-marie et ouvrez le sachet. Servir aussitôt garni de persil frais haché.

bœuf Stroganoff

Temps de préparation + cuisson : 24 heures 15 minutes | Portions : 4

Ingrédients:

1 livre de rôti de bœuf, coupé en morceaux

½ oignon, haché

1 livre de champignons, tranchés

1 gousse d'ail hachée

¼ tasse de vin blanc

4 cuillères à soupe de yaourt grec

½ tasse de bouillon de bœuf

1 cuillère à soupe de beurre

1 brin de persil plat frais

Sel et poivre noir au goût

Adresses :

Préparez un bain-marie et placez-y le sous vide. Régler à 140 F. Assaisonner la viande avec du sel et du poivre. Placer dans un sac scellé sous vide et fermer hermétiquement. Plongez-le dans l'eau chaude et laissez cuire 24 heures.

Le lendemain, faites fondre le beurre dans une poêle à feu moyen. Ajouter l'oignon et l'ail et cuire jusqu'à ce qu'ils soient ramollis, environ 3 minutes. Ajoutez les champignons et laissez cuire encore 5 minutes. Ajouter le vin et le bouillon et cuire jusqu'à ce que le mélange soit réduit de moitié.

Ajoutez la viande et laissez cuire encore une minute. Goûtez et rectifiez l'assaisonnement. Servir chaud avec du persil frais haché.

Bouchées de viande avec sauce teriyaki et graines

Temps de préparation + cuisson : 70 minutes | Portions : 2

Ingrédients

2 filets de veau

½ tasse de sauce teriyaki

2 cuillères à soupe de sauce soja

2 cuillères à café de piment frais haché

1½ cuillères à soupe de graines de sésame grillées

2 cuillères à soupe de graines de pavot grillées

8 onces de nouilles de riz

2 cuillères à soupe d'huile de sésame

1 cuillère à soupe d'ail finement haché

Adresses

Préparez un bain-marie et placez-y le sous vide. Réglez à 134 F. Coupez la viande en dés et placez-la dans un sac scellable sous vide. Ajouter 1/2 tasse de sauce teriyaki. Libérez l'air en utilisant la méthode de déplacement d'eau, scellez et plongez le sac dans un bain-marie. Cuire 60 minutes.

Mélangez la sauce soja et le piment dans un bol. Ajoutez les graines de pavot dans un autre bol. Au bout de 50 minutes, commencez la cuisson des pâtes. Égouttez-les et transférez-les dans un bol. Lorsque le minuteur s'arrête, retirez la viande et jetez le jus de cuisson éventuel. Faites chauffer l'huile de sésame dans une poêle à feu vif et ajoutez la viande avec 6 cuillères à soupe de sauce teriyaki. Cuire 5 secondes. Servir dans un bol et garnir de graines grillées.

Steak au citron et au poivre

Temps de préparation + cuisson : 2 heures 15 minutes | Portions : 4

Ingrédients:

2 lb de bifteck de flanc
1 cuillère à soupe de zeste de citron vert
1 citron coupé
½ cuillère à café de poivre de Cayenne
1 cuillère à café de poudre d'ail
Sel et poivre noir au goût
¼ tasse de sirop d'érable
½ tasse de bouillon de poulet

Adresses :

Préparez un bain-marie et placez-y le sous vide. Régler à 148 F. Mélanger les épices et le zeste et frotter le steak. Laisser reposer environ 5 minutes.

Incorporer le bouillon et le sirop d'érable en fouettant. Placer les filets dans un sac refermable et ajouter les tranches de citron. Libérez l'air en utilisant la méthode de déplacement d'eau, scellez et plongez le sac dans un bain-marie. Réglez la minuterie sur 2 heures. Une fois terminé, retirez-le et transférez-le sur le gril et faites cuire 30 secondes de chaque côté. Sers immédiatement.

Ragoût de boeuf et légumes

Temps de préparation + cuisson : 4 heures 25 minutes | Portions : 12

Ingrédients:

16 oz de filet de bœuf, coupé en cubes
4 pommes de terre tranchées
3 carottes coupées en tranches
5 onces d'échalotes, tranchées
1 oignon haché
2 gousses d'ail hachées
¼ tasse de vin rouge
¼ tasse de crème épaisse
2 cuillères à soupe de beurre
1 cuillère à café de paprika
½ tasse de bouillon de poulet
½ cuillère à café de curcuma
Sel et poivre noir au goût
1 cuillère à café de jus de citron

Adresses :

Préparez un bain-marie et placez-y le sous vide. Réglez à 155 F. Placez la viande dans un sac sous vide avec le sel, le poivre, le curcuma, le paprika et le vin rouge. Masser pour bien couvrir. Libérez l'air en utilisant la méthode de déplacement d'eau, scellez et plongez le sac dans un bain-marie. Réglez la minuterie sur 4 heures.

Pendant ce temps, placez le reste des ingrédients dans un autre sac refermable. Couvrir et plonger dans le même bain 3 heures avant la fin de la cuisson de la viande. Une fois terminé, sortez le tout et mettez-le dans une casserole sur feu moyen et laissez cuire 15 minutes.

Steak de boeuf épicé

Temps de préparation + cuisson : 2 heures 10 minutes | Portions : 5

Ingrédients:

2 livres de filet de bœuf

3 cuillères à soupe d'huile d'olive

2 cuillères à café de zeste de citron

½ cuillère à café de poivre

1 cuillère à café d'origan

1 cuillère à soupe de beurre

¼ cuillère à café de flocons de piment rouge

Adresses :

Préparez un bain-marie et placez-y le sous vide. Régler à 130 F. Mélanger toutes les épices et frotter la viande. Placer dans un sac scellé sous vide. Libérez l'air en utilisant la méthode de déplacement d'eau, scellez et plongez le sac dans un bain-marie. Réglez la minuterie sur 2 heures.

Lorsque le minuteur s'arrête, retirez le sac et coupez le steak en 5 morceaux égaux. Faire revenir dans une poêle à feu moyen pendant environ 30 secondes de tous les côtés.

Tourte à la viande du Worcestershire

Temps de préparation + cuisson : 2 heures 15 minutes | Portions : 4

Ingrédients:

1 livre de bœuf haché

1 tasse de chapelure

1 oignon haché

1 oeuf

1 tasse de yaourt

1 gousse d'ail hachée

Sel et poivre noir au goût

Glaçage:

1 cuillère à soupe de sauce tomate

2 cuillères à café de cassonade

2 cuillères à soupe de sauce Worcestershire

Adresses :

Préparez un bain-marie et placez-y le sous vide. Régler à 170 F. Mélanger tous les ingrédients du pain de viande dans un bol. Mélangez avec les mains jusqu'à homogénéité complète, placez dans un sac sous vide et formez une bûche. Libérez l'air en utilisant la méthode de déplacement d'eau, scellez et plongez le sac dans un bain-marie. Réglez la minuterie sur 2 heures.

Lorsque le minuteur s'arrête, retirez le sac et transférez-le dans le plat allant au four. Secouez les ingrédients du glaçage et étalez-les sur la boulette de viande. Faire griller jusqu'à ce qu'il bouillonne.

Rôti de bœuf ivre

Temps de préparation + cuisson : 2 heures 15 minutes | Portions : 4

Ingrédients:

1 livre de filet de bœuf

1 tasse de vin rouge

2 cuillères à café de beurre

1 cuillère à café de sucre

Sel et poivre noir au goût

Adresses :

Préparez un bain-marie et placez-y le sous vide. Régler à 131 F. Mélanger le vin rouge avec les épices et verser dans un sac scellé sous vide. Mettez la viande à l'intérieur. Libérez l'air en utilisant la méthode de déplacement d'eau, scellez et plongez le sac dans un bain-marie. Réglez la minuterie sur 2 heures. Lorsque le chronomètre s'arrête, retirez le sac. Faites fondre le beurre dans une poêle et faites revenir la viande de tous les côtés pendant quelques minutes.

Délicieux steak roll au fromage

Temps de préparation + cuisson : 75 minutes | Portions : 4

Ingrédients

2 poivrons, tranchés finement

½ oignon rouge, tranché finement

2 cuillères à soupe d'huile d'olive

Sel et poivre noir au goût

1 livre de bifteck de flanc cuit, tranché finement

4 petits pains moelleux

8 tranches de fromage cheddar

Adresses

Préparez un bain-marie et placez-y le sous vide. Régler à 186 F. Placer le poivron, l'oignon et l'huile d'olive dans un sac refermable. Assaisonnez avec du sel et du poivre. Libérez l'air en utilisant la méthode de déplacement d'eau, scellez et plongez le sac dans un bain-marie. Cuire 60 minutes.

Au bout de 55 minutes, placez le steak cuit à l'intérieur et plongez-le. Cuire encore 5 minutes. Une fois terminé, retirez le sachet et réservez. Préchauffer le four à 400 F. Couper les petits pains en deux et saupoudrer de fromage. Cuire au four 2 minutes. Transférer dans une assiette et garnir de poivrons, de steak et d'oignons.

Poitrine de Miel-Dijon

Temps de préparation + cuisson : 48 heures 20 minutes | Portions : 12

Ingrédients

6 livres de poitrine de bœuf
2 cuillères à soupe d'huile d'olive
4 grosses échalotes, hachées
4 gousses d'ail pelées et hachées
¼ tasse de vinaigre de cidre de pomme
½ tasse de concentré de tomate
½ tasse de miel
¼ tasse de moutarde de Dijon
2 tasses d'eau
1 cuillère à soupe de poivre noir entier
2 baies de piment de la Jamaïque séchées
Sel au goût

Adresses

Préparez un bain-marie et placez-y le sous vide. Réglez-le à 155F.

Faites chauffer l'huile d'olive dans une poêle à feu vif et faites revenir la poitrine des deux côtés jusqu'à ce qu'elle soit dorée.

Reporter. Dans la même poêle, faites revenir les échalotes et l'ail à feu moyen pendant 10 minutes.

Mélangez le vinaigre, le miel, la pâte de tomate, la moutarde, le poivre, l'eau, le piment de la Jamaïque et les clous de girofle. Ajouter le mélange d'échalotes. Bien mélanger. Placer la poitrine et le mélange dans un sac sous vide. Libérez l'air en utilisant la méthode de déplacement d'eau, scellez et plongez le sac dans un bain-marie. Cuire 48 heures.

Lorsque le minuteur s'arrête, retirez le sac et séchez la viande. Versez le jus de cuisson dans une casserole sur feu vif et laissez cuire jusqu'à ce que la sauce ait réduit de moitié, 10 minutes. Servir avec la poitrine.

Ragoût de faux-filet au romarin

Temps de préparation + cuisson : 6 heures 35 minutes | Portions : 12

Ingrédients

3 livres de bœuf avec os
Sel et poivre noir au goût
1 cuillère à soupe de poivron vert
1 cuillère à soupe de graines de céleri séchées
2 cuillères à soupe de poudre d'ail
4 brins de romarin
1 cuillère à soupe de cumin
1 tasse de bouillon de boeuf
2 blancs d'œufs

Adresses

Faire mariner la viande avec du sel. Laisser refroidir 12 heures. Préparez un bain-marie et placez-y le sous vide. Réglez à 132 F. Placez la viande dans un sac scellé sous vide. Libérez l'air en utilisant la méthode de déplacement d'eau, scellez et plongez le sac dans un bain-marie. Cuire pendant 6 heures.

Préchauffer le four à 425 F. Lorsque la minuterie s'arrête, retirez la viande et séchez-la. Mélangez le paprika, les graines de céleri, la poudre d'ail, le cumin et le romarin. Badigeonner le rosbif avec l'œuf battu, le mélange de céleri et le sel. Mettez le cuit sur une plaque à pâtisserie et enfournez pendant 10 minutes. Laisser refroidir 10 minutes et couper en tranches. Mettez la viande dans une assiette et versez la sauce dessus.

Filet divin divin à la purée de patate douce

Temps de préparation + cuisson : 1h20 | Portions : 4

Yoingrédients

4 steaks de surlonge
2 livres de patates douces, coupées en dés
¼ tasse d'assaisonnement pour steak
Sel et poivre noir au goût
4 cuillères à soupe de beurre
huile de colza pour la friture

Adresses

Préparez un bain-marie et placez-y le sous vide. Régler à 129 F. Placer le filet assaisonné dans un sac scellable sous vide. Libérez l'air en utilisant la méthode de déplacement d'eau, scellez et plongez le sac dans un bain-marie. Cuire 1 heure.

Faire bouillir les pommes de terre pendant 15 minutes. Égoutter et transférer dans un bol beurré. Mélanger et assaisonner avec du sel et du poivre. Lorsque le minuteur s'arrête, retirez le filet et séchez-le. Faites chauffer l'huile dans une casserole à feu moyen. Faire dorer pendant 1 minute. Servir avec une purée de pommes de terre.

Tarte de veau aux champignons

Temps de préparation + cuisson : 2 heures 40 minutes | Portions : 4

Yoingrédients

1 livre de steak de filet de bœuf

Sel et poivre noir au goût

2 cuillères à soupe de moutarde de Dijon

1 feuille de pâte feuilletée, décongelée

8 onces de champignons cremini

8 onces de champignons shiitake

1 échalote, coupée en dés

3 gousses d'ail hachées

1 cuillère à soupe de beurre

6 tranches de bacon

Adresses

Préparez un bain-marie et placez-y le sous vide. Régler à 124 F. Assaisonner la viande avec du sel et du poivre et placer dans un sac scellé sous vide. Libérez l'air en utilisant la méthode de déplacement d'eau, scellez et plongez le sac dans un bain-marie.

Cuire 2 heures. Placer les champignons dans un robot culinaire et réduire en purée.

Faire revenir les échalotes et l'ail dans une poêle chaude, lorsqu'ils sont tendres, ajouter les champignons et cuire jusqu'à ce que l'eau s'évapore. Ajoutez 1 cuillère à soupe de beurre et faites cuire. Lorsque le minuteur s'arrête, retirez la viande et séchez-la.

Faites chauffer l'huile dans une poêle à feu moyen et saisissez la viande 30 secondes de chaque côté. Badigeonner la viande de moutarde de Dijon. Placer les tranches de jambon Serrano et le bacon sur une feuille de plastique. Disposez la viande dessus. Roulez-les et laissez-les refroidir pendant 20 minutes. Étalez la pâte feuilletée et badigeonnez-la d'œuf. Placez le bœuf à l'intérieur. Préchauffer le four à 475F et cuire au four pendant 10 minutes. Trancher et servir.

Cheeseburgers classiques

Temps de préparation + cuisson : 1 heure 15 minutes | Portions : 4

Ingrédients

1 livre de bœuf haché

2 pains à hamburger

2 tranches de fromage cheddar

Sel et poivre noir au goût

Beurre pour griller

Adresses

Préparez un bain-marie et placez-y le sous vide. Régler à 137 F. Assaisonner la viande avec du sel et du poivre et former des galettes. Placer dans un sac scellé sous vide. Libérez l'air en utilisant la méthode de déplacement d'eau, scellez et plongez le sac dans un bain-marie. Cuire 1 heure.

Pendant ce temps, faites chauffer une poêle et faites revenir les petits pains avec le beurre. Lorsque le minuteur s'arrête, retirez les gâteaux et transférez-les dans le moule. Faire dorer 30 secondes de chaque côté. Garnir le burger de fromage et cuire au four jusqu'à ce qu'il soit fondu. Placer le burger entre les petits pains et servir.

www.ingramcontent.com/pod-product-compliance
Lightning Source LLC
Chambersburg PA
CBHW071833110526
44591CB00011B/1306